Fit for Future

Die Zukunft wird massive Veränderungen im Arbeits- und Privatleben mit sich bringen. Tendenzen gehen sogar dahin, dass die klassische Teilung zwischen Arbeitszeit und Freizeit nicht mehr gelingen wird. Eine neue Zeit – die sogenannte „Lebenszeit" – beginnt. Laut Bundesregierung werden in den nächsten Jahren viele Berufe einen tiefgreifenden Wandel erleben und in ihrer derzeitigen Form nicht mehr existieren. Im Gegenzug wird es neue Berufe geben, von denen wir heute noch nicht wissen, wie diese aussehen oder welche Tätigkeiten diese beinhalten werden. Betriebsökonomen schildern mögliche Szenarien, dass eine stetig steigende Anzahl an Arbeitsplätzen durch Digitalisierung und Robotisierung gefährdet sind. Die Reihe „Fit for future" beschäftigt sich eingehend mit dieser Thematik und bringt zum Ausdruck, wie wichtig es ist, sich diesen neuen Rahmenbedingungen am Markt anzupassen, flexibel zu sein, seine Kompetenzen zu stärken und „Fit for future" zu werden. Der Initiator der Buchreihe Peter Buchenau lädt hierzu namhafte Experten ein, ihren Erfahrungsschatz auf Papier zu bringen und zu schildern, welche Kompetenzen es brauchen wird, um auch künftig erfolgreich am Markt zu agieren. Ein Buch von der Praxis für die Praxis, von Profis für Profis. Leser und Leserinnen erhalten „einen Blick in die Zukunft" und die Möglichkeit, ihre berufliche Entwicklung rechtzeitig mitzugestalten.

Christian Momm

Emotionen begeistert leben

Wie Spitzensportler und andere Top Performer erfolgreich handeln

Christian Momm
MOMM COACHING
Köln, Deutschland

ISSN 2730-6941   ISSN 2730-695X (electronic)
Fit for Future
ISBN 978-3-658-44442-6   ISBN 978-3-658-44443-3 (eBook)
https://doi.org/10.1007/978-3-658-44443-3

Die Deutsche Nationalbibliothek verzeichnet diese Publikation in der Deutschen Nationalbibliografie; detaillierte bibliografische Daten sind im Internet über https://portal.dnb.de abrufbar.

© Der/die Herausgeber bzw. der/die Autor(en), exklusiv lizenziert an Springer Fachmedien Wiesbaden GmbH, ein Teil von Springer Nature 2024

Das Werk einschließlich aller seiner Teile ist urheberrechtlich geschützt. Jede Verwertung, die nicht ausdrücklich vom Urheberrechtsgesetz zugelassen ist, bedarf der vorherigen Zustimmung des Verlags. Das gilt insbesondere für Vervielfältigungen, Bearbeitungen, Mikroverfilmungen und die Einspeicherung und Verarbeitung in elektronischen Systemen.
Die Wiedergabe von allgemein beschreibenden Bezeichnungen, Marken, Unternehmensnamen etc. in diesem Werk bedeutet nicht, dass diese frei durch jede Person benutzt werden dürfen. Die Berechtigung zur Benutzung unterliegt, auch ohne gesonderten Hinweis hierzu, den Regeln des Markenrechts. Die Rechte des/der jeweiligen Zeicheninhaber*in sind zu beachten.
Der Verlag, die Autor*innen und die Herausgeber*innen gehen davon aus, dass die Angaben und Informationen in diesem Werk zum Zeitpunkt der Veröffentlichung vollständig und korrekt sind. Weder der Verlag noch die Autor*innen oder die Herausgeber*innen übernehmen, ausdrücklich oder implizit, Gewähr für den Inhalt des Werkes, etwaige Fehler oder Äußerungen. Der Verlag bleibt im Hinblick auf geografische Zuordnungen und Gebietsbezeichnungen in veröffentlichten Karten und Institutionsadressen neutral.

Planung/Lektorat: Vera Treitschke
Springer Gabler ist ein Imprint der eingetragenen Gesellschaft Springer Fachmedien Wiesbaden GmbH und ist ein Teil von Springer Nature.
Die Anschrift der Gesellschaft ist: Abraham-Lincoln-Str. 46, 65189 Wiesbaden, Germany

Wenn Sie dieses Produkt entsorgen, geben Sie das Papier bitte zum Recycling.

Für meine Tochter Emilia

Vorwort

Liebe Leserin, lieber Leser,

ich freue mich, dass du dich für mein Buch entschieden hast – sei es für dich selber, für fragende Weggefährten oder auch einfach als ein Geschenk zu einem besonderen Anlass. Ich verspreche dir: Wer auch immer dieses Buch lesen wird, wird danach nicht mehr derselbe sein wie zuvor. Warum? Ganz einfach: Dieses Buch ermöglicht gänzlich neue Möglichkeiten zum Umgang mit Emotionen bei sich und seinen Mitmenschen. Oftmals erleben wir Gefühle und Emotionen passiv. Wir bekommen sie mit, wenn sozusagen alles schon geschehen ist. Das ist nicht nur berechenbar, sondern es macht auch träge. Profisportler und andere herausragende Performer arbeiten mit Emotionen völlig anders. Sie leben sie, und zwar in genau den Momenten, in denen es für sie um alles geht. Das bringt einen enormen Leistungsschub und schafft gleichzeitig auch viel mehr Souveränität im Leben. Statt den eigenen Emotionen hilflos oder unbedacht gegenüberzustehen, können wir sie sofort und konsequent nutzen. Dadurch werden wir zielsicher, gewinnen mehr Power, bleiben relaxet und können im wahrsten Sinne durchstarten. Tun wir dies nicht, und die meisten von uns tun es tatsächlich nicht, fahren wir immer mit angezogener Handbremse. Dieses Buch dient dazu, die eigene Handbremse zu lösen. Ich freue mich, mit dir mein Wissen, meine Erfahrungen und viele Beispiele aus dem Sport teilen zu dürfen. Lernen wir von den ganz Großen!

Köln, Deutschland Christian Momm
im Sommer 2024

DANKSAGUNG

Bedanken möchte ich mich an vorderster Stelle bei Michael von Kunhardt, der mich konzeptionell und emotional begleitet hat. Ebenfalls bei Christoph Eydt als ständigen Wegbegleiter und inhaltlichen Ratgeber. Bei meinen lieben verstorbenen Eltern, die mir mein sportliches Leben ermöglicht haben. Und natürlich bei meiner tollen Tochter Emilia, durch die ich gelernt habe, Emotionen begeistert zu leben.

Köln, im Sommer 2024   Christian Momm

Von Sport, Leistung und der Kraft der Emotionen

Es war ein ganz besonderer Tag im Leben eines Tennisfans beziehungsweise eines Sportfans überhaupt: der letzte Auftritt von Roger Federer als aktiver Tennisspieler beim Laver Cup in London – ein Team-Event im Tennis zwischen Europa und dem Rest der Welt. Roger hat vorher seinen Rücktritt aus dem aktiven Tennis verkündet und bestritt sein letztes Match mit seinem langen Rivalen und Weggefährten Rafael Nadal im Doppel.

Mein sehr enger Freund Peter hat mich spontan zu diesem Event nach London eingeladen. Wir hatten schon sehr viele Tennis-Matches zusammen geschaut und Roger Federer in unzähligen Turnieren gesehen. Er war für uns schlicht ein Symbol für Eleganz und Vorbild im Tennis, wie es aus meiner Sicht kein anderer Spieler in der Geschichte dieses Sports transportieren konnte. Er stand für eine mentale und emotionale Größe, wie man sie im Sport meistens nur suchen kann. Er war ein wahrer mentaler Gigant des Sports.

Solche emotionalen Erlebnisse haben mich dazu geführt, das Thema „Emotionen" bei Sportlern und anderen Top-Performern genauer unter die Lupe zu nehmen. Sportliche und weitere Höchstleistungen haben mein Leben schon früh begleitet. Als ehemaliger Nationalspieler im Golfsport und durchaus begabter Ballsportler (Tennis und Fußball) fand ich sofort den Antrieb, ein Buch über das Thema „Emotionen im Sport" zu verfassen. Der (Golf-) Sport hat mein Leben signifikant geprägt und ich habe ihm viel zu verdanken: die unzähligen Glücksmomente von tollen Schlägen auch in entscheidenden Momenten, der Umgang mit Fehl- und Rückschlägen, die Naturerlebnisse – ich könnte Seiten über meine Liebe zum Golfsport schreiben.

Von der Idee „Emotionen im Sport" war es dann nicht weit, sich über ähnliche Themen Gedanken zu machen:

- Emotionen in der Wirtschaft,
- Emotionen in der Investmentwelt,
- Emotionen im Alltag,
- Emotionen in Beziehungen und
- Emotionen im Berufsleben.

Die Liste ließe sich noch verlängern. Ich merkte also, dass „Emotionen im Sport" nicht nur auf den Sport begrenzt sind oder sein sollten. Vielmehr wuchs in mir die Idee heran, den Sport und dessen hochleistungsfähige Repräsentanten als Vorbild für den Umgang mit Emotionen im Allgemeinen zu nehmen, denn sind wir mal ehrlich: Man hat uns in der Schule viel über Globus, Tiere und binomische Formeln beigebracht. Der Umgang mit Emotionen stand nie in den Lehrplänen. Warum eigentlich? Liegt es vielleicht daran, dass bisher kaum jemand auf diesem Gebiet Erfahrungen gesammelt hat? Klar: Wir wissen Bescheid über psychologische oder biochemische Prozesse, keine Frage. Aber was hilft uns dieses Wissen im Alltag, in unserem Beziehungsstress, in herausfordernden Momenten, in Momenten der Angst? Wir wissen viel und kennen wenig, so könnte man es in eine Formel bringen. Das Wissen führt eben nicht zum Können.

Profisport als Anschauungsmaterial

Golf und andere bewegungsorientierte Sportarten mit internationalen Wettkampfordnungen haben den Vorteil, dass wir sehr leicht Zugang bekommen können, auch wenn wir vielleicht niemals global spielen werden. Jeder kennt Fußball, hat die groben Regeln im Kopf und vermutlich auch einige Fußball-Momente vor dem inneren Auge. Damit kann man schon arbeiten, denn hinter diesen Fußball-Erfahrungen stehen emotionale Prinzipien, die man herausarbeiten und nutzbar machen kann.

In dem vorliegenden Buch findest du daher viele Bezugspunkte zum Profisport, um dort anknüpfen zu können, wo jeder abgeholt werden kann: Einmal bei den Emotionen grundlegend und ein weiteres Mal bei dem, wo man Emotionen besonders stark fühlen und sogar sehen kann: eben beim Sport. Wir machen uns gemeinsam auf den Weg, um zu sehen, was die Erfolge der Top-Performer von denen unterscheidet, die sehr gute Leistungen bringen.

Was wir in dem vorliegenden Buch verfolgen

Wir schauen …

- … uns die psychologischen Grundlagen zu Emotionen an.
- … auf Herausforderungen in Sport und Wirtschaft.
- … wie man angenehme Emotionen gezielt ermöglichen kann, um sie für die eigenen Ziele zu nutzen.
- … auf die mentale Extraqualität durch Enthusiasmus.
- … warum unangenehme Emotionen nicht verkehrt sind und wie man ihre Macht gebrauchen kann.
- … in die Prinzipien von Emotionsfallen.

- … uns emotionale Botschaften genauer an.
- … wie Gefühle bewusst gelebt werden können.
- … auf Bedeutung und Wirkungen emotionaler Intelligenz.

Die Inhalte richten sich an jeden, der merkt, dass hinter Emotionen Power steckt, die er gerne nutzen möchte. Sie liefern eine gute Grundlage, um das Leben mit einfachen Methoden und Reflexionen zu verbessern. Natürlich ist das Buch auch für Führungskräfte in Sport und Wirtschaft tauglich, keine Frage! Die vielen sport- und wirtschaftsorientierten Beispiele liefern hier den inhaltlichen Schwerpunkt. Coaches, Therapeutinnen und Therapeuten können genauso von der Lektüre profitieren wie Trainer, Lehrkräfte und generell alle Menschen, die wissen, dass Emotionen eine enorme Triebkraft für menschliches Verhalten und Erleben sowie für Veränderungsprozesse sind.

Biografische Hintergründe

Bei mir war die Liebe zum Ballsport auf Anhieb da, was in dem vorliegenden Buch hoffentlich seinen Niederschlag findet. Jeden Tag nach der Schule spielte ich Fußball, Tennis und später auch Golf. Ich wurde Teil der deutschen Nationalmannschaft im Golf. Nach meinem englischen Schulabschluss entschied ich mich, statt auf den Golfplatz in die Finanzwelt zu gehen. Auch wenn ich meinen beruflichen Schwerpunkt in der Finanzwelt hatte, so blieb der Sport im Hintergrund immer bestehen. Ich arbeitete ehrenamtlich in Golf Clubs und hatte immer wieder tolle emotionale Erlebnisse auf Sportevents, so zum Beispiel beim Ryder Cup 2018 (Vergleichskampf der Golfprofis zwischen USA und Europa).

Von Sport, Leistung und der Kraft der Emotionen

Im Jahr 2016 verstarb meine Mutter und ich zog in meine Heimatstadt, nach Köln. Endlich begann ich, mich in mein neues Leidenschaftsthema einzuarbeiten: neben den Sport trat das Coaching in mein Leben. Ich absolvierte eine Coaching-Ausbildung und baute mir eine Selbstständigkeit als Coach für Unternehmen, Ärzte und Investoren sowie Sportlerinnen und Sportler auf. Die Corona-Krise brachte etwas stärkeren Gegenwind mit sich, doch ich gab nicht auf und arbeite bis heute erfolgreich als selbstständiger Coach. Mir macht es großen Spaß, mit Leuten zu arbeiten und Prozesse systematisch zu initiieren und Veränderungen zu bewirken.

Mein Ziel ist es, mit diesem Buch einen neuen und vor allem tiefgreifenden Beitrag in der Coaching-Welt zum Thema „Emotionen" zu leisten. Es ist meine Überzeugung, dass gerade im Sport der richtige Umgang mit Emotionen eine entscheidende Variable zum Erfolg bildet. Auch bei dem Thema Investment hat die emotionale Intelligenz eine entscheidende Rolle inne. Ohne sich selbst und seine Emotionen richtig zu verstehen, ist das Erreichen der Ziele, egal in welchem Bereich des Lebens, deutlich schwerer.

Bevor wir nun im loslegen: eine kleine Selbstreflexion!

- In welchen Momenten spürst du die stärksten Emotionen?
- Wie gehst du normalerweise mit deinen Emotionen um?
- Was tust du mit unangenehmen Emotionen?
- Was sind deine ersten Gedanken zu dem Begriff „emotionales Spielfeld"?

Inhaltsverzeichnis

1	**Emotionale Spielfelder in Sport und Wirtschaft**	1
	1.1 Emotionen im Sport	6
	1.2 Emotionen bei Investmententscheidungen	9
	1.3 Emotionen in der Wirtschaft	11
	Weiterführende Literatur	13
2	**Angenehme Emotionen gezielt ermöglichen**	15
	2.1 Transformative Kraft von Liebe	27
	2.2 Freude als Motor für Leichtigkeit	31
	2.3 Interesse als Treiber kreativer Lösungen	34
	Literatur	38
3	**Enthusiasmus, die mentale Extraqualität**	41
	3.1 Enthusiasmus, ein Antrieb der besonderen Art	42
	3.2 Enthusiasmus gewinnen – Gewinnen mit Enthusiasmus	48
	3.3 Unter Starkstrom: Adrenalin als Power-Zutat	58
	Weiterführende Literatur	62

4 Unangenehme Emotionen klug nutzen — 65
4.1 Ein-Blick in die Emotionsforschung — 67
4.2 Unangenehme Emotionen und ihre Wirkkreise — 71
4.3 Zum Umgang mit dem Unangenehmen am Beispiel der Angst — 72
4.4 Wertorientierung und neue Perspektiven durch Trauer — 81
4.5 Scham als treibende Kraft für Demut und Selbstverbesserung – wieder echt sein mit Schuld — 82
4.6 Ärger als Triebfeder für Selbstwirksamkeit und Handlungskompetenz — 85
4.7 Ekel als Beschützer der körperlichen Unversehrtheit — 88
Weiterführende Literatur — 91

5 Gefühle bewusst leben — 93
5.1 Gefühle als Teile der Vergangenheit — 94
5.2 Identitätskrisen mit Gefühlen? – Das Ballgefühl als Möglichkeit — 97
5.3 Wie man gewöhnlich mit Gefühlen umgeht? — 105
5.4 Gefühle bewusst erleben: Hands-on! — 107
Literatur — 110

6 Emotionale Botschaften und Emotionsfallen — 113
6.1 Emotionale Botschaften und ihre Kraft der Transformation — 113
6.2 Vorsicht vor Emotionsfallen — 121
Literatur — 127

7 Emotionale Intelligenz als Herz der emotionalen Regulation — 129
7.1 Was ist emotionale Intelligenz? — 129
7.2 Emotionsregulation – ein Überblick — 131

	7.3	So regulierst du Emotionen richtig	135
	7.4	Die fünf Felder emotionaler Intelligenz	139
	7.5	Einflüsse beachten und nutzen!	143
	7.6	Geht es auch ohne Strategie? – ein Blick in die Antike	145
	Literatur		151
8	**Die Kraft der Emotionen – abschließende Worte**		155

# 1

Emotionale Spielfelder in Sport und Wirtschaft

Ein Spielfeld ist ein Bereich, der für verschiedene Arten von Sport- und Spielaktivitäten genutzt wird. Es ist normalerweise eine ebene Fläche, die speziell für den jeweiligen Zweck gestaltet ist und von Markierungen oder Grenzen bestimmt wird. Das Spielfeld kann aus verschiedenen Materialien bestehen, wie zum Beispiel aus Gras, Asphalt, Beton oder Kunstrasen. Die Größe des Feldes variiert je nach Sportart und Regelwerk. Auf dem Spielfeld können Einzelspielerinnen und Einzelspieler oder Teams ihre Fähigkeiten und Taktiken zeigen, um ihre Gegner zu besiegen. Es ist der Ort, an dem Spiele gewonnen und verloren werden.

Das Spielfeld
Wenn wir von „Spielfeld" sprechen, haben wir es mit mehreren Attributen zu tun, die in ihrer Ganzheit das Spielfeld ausmachen. Zusammengefasst sind das vor allem:

- Regeln und Abläufe,
- Begrenzung des Spielfelds,
- Markierungen auf dem Feld,
- Akteure (Spielerinnen, Spieler, Schiedsrichter, Jury, Publikum, Medienvertreterinnen und -vertreter),
- wettkampfgestützte Gegnerschaft sowie
- Leistungsstreben.

Auf Emotionen übertragen, lassen sich zwei Dimensionen ableiten:

1. Auch innerhalb emotionaler Situationen und Prozesse können Spielfelder bestehen.
2. Auf einem sportlichen Spielfeld geht es mit den Emotionen hoch her.

In der Abb. 1.1 habe ich den Emotionen eine größere Bedeutung zugestanden als dem Sport, weil das, was auf einem Spielfeld sichtbar wird, das Ergebnis innerer, letztlich emotionaler Prozesse ist. Gleichzeitig ist der Sport sehr nützlich, um viel mehr über Emotionen zu lernen, als es der Alltag zulassen würde. Wenn wir „Spielfeld" mit den obigen Kriterien verstehen, dann fällt auf, dass es nicht nur das Spielfeld für den Sport gibt. Man könnte auch jede zwischenmenschliche Begegnung als ein Spiel verstehen, das Spielfeld ergibt sich durch unsere Kommunikation und Interkation, welche auch nach festen Regeln ablaufen, Grenzen haben, und nicht selten von Gegnerschaft geprägt sind.

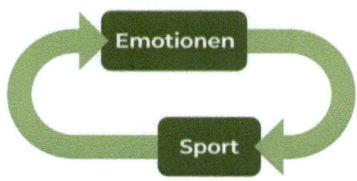

Abb. 1.1 Emotionen und Sport

Das emotionale Spielfeld

Ein emotionales Spielfeld ist daher ein metaphorischer Begriff, der verwendet wird, um die Dynamik und die Beziehungen zwischen Menschen in verschiedenen sozialen Situationen zu beschreiben. Er bezieht sich auf das Zusammenspiel von Emotionen und Verhalten, das in zwischenmenschlichen Beziehungen stattfindet. Wie du später noch sehen wirst, ist im Grunde jede Situation sozial, sodass wir faktisch stets auf irgendeinem Spielfeld stehen.

Ein Beispiel für ein so verstandenes emotionales Spielfeld könnte eine Arbeitsumgebung sein, in der verschiedene Persönlichkeiten, Hierarchien und Zielsetzungen aufeinandertreffen. Alle im Team bringen ihre eigenen Emotionen, Motivationen und Erwartungen mit auf das Spielfeld und interagieren untereinander auf unterschiedlichste Weise. Es kann dabei um Status, Anerkennung, Macht oder Einfluss gehen.

Ein anderes Beispiel wäre eine Beziehung zwischen zwei Menschen, in der es um Liebe, Vertrauen, Eifersucht oder andere starke Emotionen und Gefühle geht. Auf diesem emotionalen Spielfeld interagieren die beiden Menschen und versuchen, ihre eigenen Bedürfnisse und Wünsche zu erfüllen. Hier können Verhaltensmuster entstehen, die immer wiederkehren und die Beziehung prägen. Nicht selten geht es um die Durchsetzung eigener Interessen oder um die Beseitigung von Missverständnissen.

Im Grunde genommen ist ein emotionales Spielfeld ein Ort, an dem Menschen ihre Gefühle und Verhaltensweisen zeigen und mit anderen Menschen interagieren, um ihre eigenen Bedürfnisse und Wünsche zu erfüllen. Es kann in vielen verschiedenen Kontexten auftreten und ist oft komplex und (bis jetzt) schwer zu verstehen.

Stelle dir das ruhig bildlich vor: Du stehst permanent auf irgendeinem Spielfeld und musst regelgestützt einen Wettkampf bestreiten. Wie willst du je gewinnen, wenn du …

- … gar nicht weißt, dass du auf einem Spielfeld stehst?
- … über keine Bewegungen, Techniken und Strategien verfügst?
- … nicht siehst, dass du mitten im Wettkampf stehst?
- … die Regeln noch gar nicht verstanden hast?

Dass das zwischenmenschliche Verhalten und sämtliche Emotionen einem Spiel nicht unähnlich sind, wurde in der Psychologie immer wieder thematisiert, wenn auch nicht vom Spielfeld gesprochen wird.

Spiel als Interaktion
Der Begründer der Transaktionsanalyse, der kanadisch-US-amerikanischer Psychiater Eric Berne hat beispielsweise in seinem Analysemodell den Begriff „Spiel" als Metapher für menschliche Interaktionen verwendet. Er beschreibt Spiele als Muster von Verhaltensweisen, die Menschen im Umgang miteinander entwickeln, um bestimmte Bedürfnisse zu erfüllen.

Berne sagt, dass jedes Spiel eine verborgene Agenda hätte, die oft ungesund sei. Diese Agenda könne darauf abzielen, Aufmerksamkeit zu erlangen, Macht auszuüben oder das Selbstwertgefühl zu steigern. Das Spiel selbst wird von den beteiligten Personen oft nicht bewusst wahrgenommen, sondern als normaler Umgang miteinander empfunden. Berne beschreibt dabei auch die verschiedenen Rollen, die Menschen in den Spielen einnehmen können, wie zum Beispiel den Täter, das Opfer oder den Retter. Diese Rollen können sich im Verlauf eines Spiels verändern, je nachdem welche Bedürfnisse gerade im Vordergrund stehen.

Emotionale Spielfelder sind uns meistens noch unbekannt, auch wenn wir täglich mit Emotionen zu tun haben oder im Sport sogar extreme Emotionen erfahren. Der Knackpunkt ist das Spielfeld, jene Fläche ehrfurchtsvoller

1 Emotionale Spielfelder in Sport und Wirtschaft

Begegnungen und komplexer Regularien. Die Sportlerinnen und Sportler, die auf ein Spielfeld gehen, die gehen dorthin, um zu spielen, um zu siegen und sich voll und ganz einer Sache zu widmen.

Doch was heißt das: „spielen"?
Wissen wir überhaupt wie das funktioniert? Ein Spiel?
Wann hast du das letzte Mal so richtig gespielt? Womit hast du gespielt? Woher wusstest du, dass du gespielt hast?

Spielen und „spielen"

Findest du die letzte Frage seltsam? Gut! Sie ist es, denn meistens denken wir gar nicht darüber nach, was „spielen" bedeutet. Wenn wir Karten spielen, sagen wir, wir würden eben Karten spielen. Spielen Kinder miteinander Fußball, sagen wir auch sofort, dass diese natürlich spielen würden. Das Spiel scheint ein zentrales Element unserer Lebensgestaltungen zu sein, doch es gibt einen riesigen Unterschied zwischen „spielen" und „spielen". Wenn du z. B. glaubst, du würdest mit Karten- oder Gesellschaftsspielen tatsächlich spielen, dann muss ich dich enttäuschen. Du spielst nicht – nicht wirklich. Du tust so, als würdest du spielen. Das ist ein gigantischer Unterschied. Beobachte mal Kinder, wenn diese spielen. Das ist ein Spiel! Wenn der kleine Junge Cowboy spielt, dann ist er der Cowboy, und zwar völlig. Der Junge hat keine Distanz mehr zu der Sache. Ein kleines Mädchen spielt vielleicht mit einem Ball, dann ist sie die Bewegung mit dem Ball. Das spürt man auch bei der Ausstrahlung der Kinder, wenn sie spielen. Wenn wir Erwachsene spielen, spielen wir meistens der Unterhaltung wegen. Wenn wir Cowboy spielen würden, dann wären wir nicht dieser Cowboy, wir wären der Erwachsene, der gerade so tut, als würde er einen Cowboy spielen. Es ist wie in der Schauspielerei: Der Schauspieler muss Hamlet sein, nur so tun als ob oder in dem Moment zu wissen, man ist ja nur der Schauspieler, das reicht nicht, um vom Spiel zu sprechen.

Bei den erfolgreichsten Sportlerinnen und Sportlern ist es nicht anders! Wenn sie spielen, spielen sie. Sie tun nicht so als ob, sie machen es nicht zur Unterhaltung, und sie haben keine Distanz zwischen sich und dem Spiel – sie sind das Spiel. So wie der kleine Junge tatsächlich ein Cowboy ist, so ist Ronaldo der Fußball, weil alles andere in diesem Moment verschwindet und Magie einsetzt. Der Cowboy braucht einen Colt, der verbirgt sich in einem Ast. Ronaldo braucht eine Torchance, die verbirgt sich im nächsten Zweikampf. Der kleine Junge und Ronaldo als einer der Top-Spieler der Fußballgeschichte haben eines gemeinsam: Wenn sie dem folgen, was sie lieben, was sie interessiert oder was ihnen Freude bereitet, dann lassen sie sich voll und ganz darauf ein, sodass alles andere in diesem Moment zur Nebensache wird. Dadurch wird Power freigesetzt! Im Englischen gibt es die gute Unterscheidung zwischen Force und Power. Beide Wörter können mit Kraft oder Macht übersetzt werden, wobei Force eine ziemlich verkrampfte Kraft meint (etwas forcieren), während Power eine Kraft aus sich selbst heraus meint, die einfach da und einfach stark ist, ohne dass man sie forcieren, also erzwingen müsste.

1.1 Emotionen im Sport

Emotionale Spielfelder in der Sportpsychologie sind mentale und emotionale Aspekte, die sich signifikant auf die Leistung von Athletinnen und Athleten auswirken. Sie umfassen zahlreiche Einflussgrößen auf die psychische Verfassung und die sportliche Performance.

Es würde den Rahmen sprengen, hier auf alle möglichen Spielfelder einzugehen, daher sind die in Abb. 1.2 beschriebenen vor allem beispielhafter Natur.

1 Emotionale Spielfelder in Sport und Wirtschaft

Abb. 1.2 Spielfelder im Sport

Die ersten Referenzpunkte

Die Spielfelder, welche zwischen Menschen ablaufen beziehungsweise nahezu vollständig durch soziale Prozesse erkennbar sind, lassen sich im Inneren eines Menschen durch die obigen Begriffe verorten.

Spielfeld Motivation

Das Spielfeld *Motivation* ist ein zentrales Element der Sportpsychologie. Sie bezieht sich auf den inneren Antrieb, der Athleten dazu bringt, ihre sportlichen Ziele zu verfolgen und sich kontinuierlich zu verbessern. Eine hohe Motivation kann dazu führen, dass Athletinnen und Athleten härter trainieren, konsequenter an ihren Zielen arbeiten und in Wettkampfsituationen besser abschneiden. Das Spielfeld „Motivation" zeichnet sich durch Leistungsorientierung aus. In der Motivationspsychologie wird nach innerer und äußerer Motivation unterschieden. Die innere, also die intrinsische Motivation ist für Sportlerinnen und Sportler wegweisend. Als Athletin oder Athlet begegnet man auf diesem Spielfeld nicht nur dem eigenen inneren Schweinehund, sondern auch den eigenen Zielen und natürlich anderen Sportlerinnen und Sportlern, jeder mit seiner individuellen Motivation.

Spielfeld Selbstvertrauen
Das *Selbstvertrauen* gilt allgemein als die Überzeugung und Zuversicht in die eigenen Fähigkeiten und Leistungen. Ein starkes Selbstvertrauen ermöglicht es Sportlerinnen und Sportlern, Herausforderungen selbstbewusst anzugehen und ihre Leistungspotenziale voll auszuschöpfen. Selbstvertrauen kann durch Erfolge, mentales Training und positive Selbstgespräche gestärkt werden. Auch hier zeichnet sich ein komplexes Spielfeld ab, weil das Selbstvertrauen von vielen Variablen abhängig ist und es durchaus einen Unterschied macht, ob man als Sportlerin beziehungsweise Sportler einer anderen beziehungsweise einem anderen mit starkem oder geringem Selbstvertrauen begegnet.

Spielfeld Stressbewältigung
Sportliche Wettkämpfe und Trainingseinheiten können sehr stressige Situationen hervorrufen. Eine *effektive Stressbewältigung* hilft dabei, angemessen mit Druck umzugehen, Ängste abzubauen und die Konzentration aufrechtzuerhalten. Techniken wie Atemübungen, Visualisierung oder progressive Muskelentspannung können dabei helfen, Stress abzubauen. Das Spielfeld kann hier sehr dynamisch sein, denn Stress kann sich in zig Formen zeigen, verändern und einprägen.

Spielfeld Emotionsregulation
Emotionen können die sportliche Leistung ebenfalls stark beeinflussen. Die Fähigkeit, diese Emotionen zu erkennen und angemessen zu steuern, ist entscheidend für den Erfolg. Dies sieht man gerade im Sport, wenn z. B. eine Fußballmannschaft auf dem Spielfeld einen großen Vorsprung hat und die Spielzeit gen Ende tickt. Sie hat das Spiel abgeschlossen und fühlt sich als Gewinner. Zu früh! Die andere Mannschaft hat natürlich auch emotionale Prozesse in sich. Wenn diese Mannschaft ihre Emotionen im Griff hat, kann sie das Blatt wenden. Dann kann auch ein Vorsprung der vermeintlichen

Siegertruppe verloren gehen. Würde die Mannschaft, die im Hintertreffen ist, sich in Selbstmitleid, Verzweiflung, Wut oder Frustration ergehen, würde es ihr viel schwerer fallen, auf dem Spielfeld weiter bestehen zu können. Vielleicht erinnerst du dich an die WM-Qualifikation von 2012: Deutschland gegen Schweden? Es stand erst 3:0 für Deutschland, und dann ... 4:4! Nach 60 min Spielzeit führte Deutschland ganze 4:0. Dann folgte ein Anschlusstreffer durch Zlatan Ibrahimovic. Ab diesem Zeitpunkt spielten nur noch die Skandinavier. In der Nachspielzeit gelang Rasmus Elm sogar der Ausgleich für Schweden.

Spielfeld Teamdynamik
Das eben angeführte Fußball-Beispiel zeigt auch, wie wichtig die *Teamdynamik* ist. In Mannschaftssportarten ist die Zusammenarbeit und Kommunikation zwischen den Teammitgliedern von großer Bedeutung. Eine positive Teamdynamik fördert das Zusammengehörigkeitsgefühl, die Motivation und die Leistungsbereitschaft der einzelnen Spieler. Auch hier ist der Begriff „Spielfeld" zielführend, denn eine Mannschaft steht nicht nur auf einem Spielfeld, sie kommuniziert auch mit der gegnerischen Mannschaft im Sinne eines Spielfeldes und sie kommuniziert auch intern nach diversen Regeln und Prinzipien. Ohne passende Teamdynamik hätte Schweden so einen Rückstand nicht aufholen können.

1.2 Emotionen bei Investmententscheidungen

Emotionale Spielfelder bei Investment-Entscheidungen beziehen sich auf die verschiedenen Emotionen und psychologischen Faktoren, die die Entscheidungsfindung von Anlegerinnen und Anlegern beeinflussen können. Emotionen sind sowohl im privaten als auch im institutionellen Anlagebereich relevant, da sie die Wahrscheinlichkeit von Fehlentscheidungen erhöhen können. Auch hier gibt es Regeln, Prinzipien und auszubalancierende Anteile, sodass vom Spielfeld die Rede bleibt.

Zwischen Gier und Verlustangst
Die beim Sport erwähnten Spielfelder sind auch hier anwendbar. Gleichzeitig existieren andere dominierende Faktoren. So zum Beispiel die Angst. Meistens haben Menschen im Investment Angst vor Verlusten oder sie verspüren Unsicherheit in volatilen Märkten, was zu affektiven Handlungen führt oder zu Zögern. Dies kann dazu führen, dass sie mögliche Renditechancen verpassen. Auch die Gier kann Anlegerinnen und Anleger dazu verleiten, übermäßige Risiken einzugehen oder in überbewertete Anlagen zu investieren, in der Hoffnung auf schnelle und hohe Gewinne. Dies führt nicht selten zu erheblichen Verlusten, wenn sich die Markterwartungen nicht erfüllen. Ein anderer Aspekt ist die sogenannte Bestätigungsverzerrung: Anleger tendieren dazu, Informationen zu suchen, die ihre bestehenden Überzeugungen bestätigen. Gleichzeitig neigen sie dazu, widersprüchliche Informationen zu ignorieren. Dies kann zu einer verzerrten Wahrnehmung der Anlageperspektiven führen und schlechte Entscheidungen zur Folge haben.

Der Mannschaftssport kann symbolisch auch für das Herdenverhalten stehen. Dieses zeigt sich auf dem Spielfeld des Sports nicht so deutlich wie im Investment. Anlegerinnen und Anleger können dem Verhalten anderer folgen, unabhängig davon, ob es rational ist oder nicht. Dies kann zu spekulativen Blasen und Panikverkäufen beitragen, die das Marktgeschehen negativ beeinflussen.

Die Verlustaversion
Ein besonders schwieriges Spielfeld ist die *Verlustaversion*: Anlegerinnen und Anleger empfinden Verluste stärker als

Gewinne, was dazu führen kann, dass sie sich an schlecht performenden Anlagen festhalten, in der Hoffnung, dass sich diese erholen, während sie gleichzeitig Gewinne zu früh realisieren. Dies hängt auch mit dem *Anker-Effekt* zusammen: Anlegerinnen und Anleger tendieren dazu, sich bei der Bewertung von Anlagen auf frühere Informationen oder Erfahrungen zu stützen, selbst wenn diese nicht mehr relevant sind. Dies kann dazu führen, dass sie sich an bestimmten Preisniveaus festhalten und schlechte Entscheidungen treffen. Das letzte Spielfeld heißt „*Overconfidence*": überschätztes Selbstvertrauen! Dieses kann dazu führen, dass Anlegerinnen und Anleger ihre Fähigkeit, gute Investment-Entscheidungen zu treffen, überschätzen und somit zu riskanten oder schlecht informierten Entscheidungen neigen. Um diese emotionalen Spielfelder bei Investment-Entscheidungen zu bewältigen, ist es wichtig, ein diszipliniertes und systematisches Anlageverfahren zu entwickeln, das auf fundierten Analysen und einer langfristigen Perspektive basiert. Dem geht aber unweigerlich eine Auseinandersetzung mit den eigenen emotionalen Spielfeldern voraus.

1.3 Emotionen in der Wirtschaft

Emotionale Spielfelder im Business-Kontext beziehen sich auf die verschiedenen Aspekte und Situationen, in denen Emotionen eine bedeutende Rolle bei der Kommunikation, Entscheidungsfindung und Beziehungsgestaltung innerhalb eines Unternehmens einnehmen.

Ein Verständnis dieser Spielfelder ist entscheidend, um erfolgreich und empathisch in der Geschäftswelt agieren zu können.

Auch hier kommen die Aspekte des Sports zum Tragen, was einmal mehr verdeutlicht, warum es spannend ist, sich immer wieder auf sportliche Meisterleistungen zu beziehen. In der Geschäftswelt sind v. a. die folgenden Spielfelder relevant:

- *Teamdynamik*: Emotionen beeinflussen die Zusammenarbeit und das Verhalten innerhalb eines Teams. Ein erfolgreiches Team fördert eine positive emotionale Atmosphäre, in der sich alle Mitglieder wertgeschätzt und respektiert fühlen.
- *Führung:* Emotionale Intelligenz ist ein wichtiger Faktor für erfolgreiche Führungskräfte. Sie sind in der Lage, die Emotionen ihrer Mitarbeiterinnen und Mitarbeiter zu erkennen, darauf einzugehen und auf diese Weise ein inspirierendes und unterstützendes Arbeitsumfeld zu schaffen.
- *Kundenbeziehungen:* Emotionen spielen auch in der Interaktion mit Kundinnen und Kunden eine bedeutende Rolle. Kundenorientierte Unternehmen legen Wert darauf, die Bedürfnisse und Emotionen ihrer Kundschaft zu verstehen und entsprechend darauf einzugehen.
- *Verhandlungen:* Diese sind das wohl wichtigste Spielfeld in der Welt der Unternehmen. In Verhandlungssituationen sind Emotionen oft entscheidend für den Erfolg oder Misserfolg. Emotionale Intelligenz hilft dabei, die eigenen Emotionen zu regulieren und die Emotionen der Verhandlungspartner besser einzuschätzen.
- *Entscheidungsfindung:* Emotionen beeinflussen alle Entscheidungen bewusst wie unbewusst. Ein erfolgreiches Unternehmen versteht es, rationale und emotionale Aspekte bei Entscheidungen zu berücksichtigen und so eine ausgewogene und effektive Entscheidungsfindung zu gewährleisten.
- *Veränderungsmanagement:* Bei organisatorischen Veränderungen sind Emotionen wie Unsicherheit, Angst und Widerstand oft präsent. Das Spielfeld sollte sich als ein effektives Veränderungsmanagement zeigen.

- *Arbeitsplatzkultur:* Die Unternehmenskultur beeinflusst das emotionale Wohlbefinden der Mitarbeiterinnen und Mitarbeiter. Eine positive Arbeitsplatzkultur ist ein zentrales Spielfeld und fördert Motivation, Engagement und Loyalität. Sie trägt damit zum Erfolg des Unternehmens bei.

Weiterführende Literatur

Barnow, S. (Hrsg.). (2020). *Handbuch Emotionsregulation. Zwischen psychischer Gesundheit und Psychopathologie.* Springer.

Ekman, P. (2017). *Gefühle lesen – Wie Sie Emotionen erkennen und richtig interpretieren.* Springer.

Faust, F., & Hessenberger, S. (Hrsg.). (2016). *Emotionen im Spiel. Beiträge zu einer Ethnologie des Sports.* Panama Verlag.

Glasenapp, J. (2021). *Emotionen als Ressourcen – Manual für Psychotherapie, Coaching und Beratung.* Beltz Verlag.

Hergovich, A. (2022). *Allgemeine Psychologie – Wahrnehmung und Emotion.* Facultas.

Schiewer, G. (2014). *Studienbuch Emotionsforschung. Theorien, Anwendungsfelder, Perspektiven.* Wissenschaftliche Buchgesellschaft.

Schwarzer, J. (2014). *Gierig, verliebt, panisch. Wie Anleger ihre Emotionen kontrollieren und Fehler vermeiden.* Börsenbuch-Verlag.

Spreckels, C. (2022). *Kopfsache Fußball – Wie das Spiel mental entschieden wird.* Edel Verlagsgruppe.

2

Angenehme Emotionen gezielt ermöglichen

> *„In jeder Emotion ruht die Kompetenz, ein für uns wichtiges Bedürfnis zu erfüllen. Emotionen sind also weder positiv noch negativ. Jede einzelne Emotion hat eine wichtige Funktion für unser Leben."* (Dirk Eilert, Wirtschaftspsychologe).

Der Mensch hat zwei grundlegende motivationale Tendenzen: Er will das Schlechte meiden und dem Guten folgen. Er möchte keine unangenehmen Emotionen spüren, sehr wohl aber die schönen. Somit bewegt er sich meistens in einem Kontinuum zwischen der Flucht vor vermeintlich schlechten Emotionen und der Sehnsucht nach guten.

Doch was sind gute Emotionen?

Über das Gute
Reicht es, dass sie als angenehm empfunden werden? Woher wissen wir, dass sie wirklich angenehm sind? Wieso wollen wir sie? Können wir sie uns überhaupt aussuchen? Welche Optio-

nen haben wir grundsätzlich? Und warum ist es überhaupt wichtig, sich mit den angenehmen Emotionen auseinanderzusetzen? Man könnte ja auch salopp sagen: „Ich weiß, was mir guttut und das mache ich einfach. Ergo fühle ich mich gut, das ist schön. Und alles, was dem entgegensteht, lasse ich weg." Nun, einfacher gesagt, als getan, oder? – Ich bin mir sicher, dass jeder schon einmal den Versuch unternommen hat, sich nur noch auf das Gute zu konzentrieren. Temporär hat es vielleicht auch geklappt, aber über kurz oder lang verlassen einen die angenehmen Emotionen, sei es durch äußere Einflüsse wie Schicksalsschläge oder durch innere Prozesse wie die allseits bekannten Gedankenkarusselle.

Um ein besseres Verständnis für Emotionen im Allgemeinen sowie für angenehme Emotionen im Besonderen zu bekommen und um auch in die Lage versetzt zu werden, angenehme Emotionen gezielt zu ermöglichen, müssen wir erst einmal genauer der Frage nachgehen, was eigentlich angenehme Emotionen sind oder sein sollten. Gerade unsere alltäglichen Erfahrungen, die Medien, überhaupt unsere gesamte Sozialisation beziehungsweise kulturelle Prägung, suggerieren uns, wir wüssten es und müssten uns keine Gedanken darüber machen.

Ein kleines Experiment für dich

Schritt 1: Heute?
Nimm dir einen Moment Zeit und überlege, in welchen Situationen du heute angenehme Emotionen hattest. Mache hierzu ruhig eine kurze Liste. Du kannst z. B. schreiben: „Frühstück mit frischem Lieblingsbrot", „Sport an frischer Luft", „Spielzeit mit meinem Kind".

Schritt 2: Was heißt „angenehm"?
Im nächsten Schritt wird es etwas intensiver. Überlege von den jeweiligen Situationen ausgehend, wie sich die angenehmen Emotionen gezeigt haben. Wie haben sie sich angefühlt? Was hast du vielleicht gedacht? Worauf hast du besonders geachtet?

2 Angenehme Emotionen gezielt ermöglichen

> *Schritt 3: Und sonst?*
> Und sonst? – Ja, wie sieht es sonst aus mit deinen angenehmen Emotionen? Berücksichtige nicht nur den heutigen Tag, sondern gehe schrittweise zurück: gestern, vorgestern, letzte Woche, letztes Jahr, das letzte Jahrzehnt? Was sind die ältesten angenehmen Emotionen, die du erlebt hast?
> Vielleicht kannst du angenehme Emotionen gar nicht so präzise beschreiben, wie du immer angenommen hast. Was wir nämlich oft machen, ist, dass wir bestimmte Dinge nur über Assoziationen beschreiben können. Angenehme Emotionen verbinden wir z. B. mit Ideen der Freiheit, Freude, Unbeschwertheit, Sorglosigkeit oder dem Glück.

Freude, Liebe und Interesse
Allgemein gelten Emotionen als angenehm, die eine positive Wirkung auf das physische Wohlbefinden und auf das Verhalten des Menschen haben. Dabei gibt es drei sogenannte Primäremotionen. Diese sind:

- Freude,
- Liebe und
- Interesse.

Diese drei Größen kennen wir nicht nur aus dem Alltag. Es sind wichtige Kräfte für besondere Momente. Spitzensportler und Erfolgsträger in der Wirtschaft setzen gezielt diese drei Emotionen ein, um Bestleistungen zu generieren. Wenn du bei den drei Emotionen in dich hineinfühlst, wirst du diese vermutlich als angenehm interpretieren. Freude fühlt sich toll an, Liebe auch, und wenn man seinem Interesse nachgehen kann, dann ist das etwas Schönes. Innerhalb der Emotionsforschung meint „angenehm", dass die jeweiligen Emotionen positive Gefühle wie Freude, Glück, Wohlbefinden und viele weitere schöne Zustände beinhalten können.

Um eine angenehme Emotion zu erkennen, bedarf es einer verstärkten Aufmerksamkeit auf die inneren Erfahrungen und die Identifizierung von positiven Gefühlen. Ein Mensch lernt sein gesamtes Leben über, nur haben wir es in unserer Kultur mit dem Irrglauben zu tun, dass nach der Schule das Lernen aufhören würde. Allenfalls lernt man noch für seine Hobbies oder seinen Beruf. Lernen, will man es umfassend verstehen, bedeutet aber auch, bestehende Erfahrungen immer wieder zu reflektieren. In der Entwicklungspsychologie hängen Lernen und Intelligenz grundlegend zusammen. Dabei geht es nicht so sehr um das Auswendiglernen von Informationen, sondern um Kompetenzerwerbe. Ein Mensch kann und muss lebenslang in der Lage sein, sich der Umwelt anzupassen oder die Umwelt an sich anzupassen. Das macht Intelligenz im Sinne der Entwicklungspsychologie aus, und entwickeln tun wir uns alle. Das hört nicht nach der Schule auf, und es bezieht sich keineswegs nur auf äußere Faktoren wie Berufswissen oder soziale Kompetenzen für den Umgang mit anderen. Genauso wichtig, vielleicht sogar wichtiger, sind die inneren Lernpfade. Emotionen sind eine rein innere Angelegenheit. Nur du kannst sie unmittelbar wahrnehmen, erfahren, interpretieren und nutzen.

Wenn wir angenehme Emotionen nutzen wollen, um Bestleistungen zu erzielen, dann müssen wir nicht nur dafür Sorge tragen, den drei Primäremotionen mehr Raum in unserem Leben zu geben, wir müssen sie erstmal richtig kennenlernen. Viel zu oft gehen wir „allwissend" durch unser Leben und glauben, wir wüssten, was in uns vorginge, doch es gibt auch genug Momente, nach denen wir uns sagen: „Das hätte ich nie von mir gedacht." Und richtig: Das haben wir bis dahin auch nicht. Wir können immer nur so weit denken, wie unsere Erfahrungen es uns wissen lassen. Um hier weiter zu kommen, braucht es keine Umwege und gibt es keine Abkürzungen: Wir müssen das, was in uns vorgeht, besser kennenlernen.

2 Angenehme Emotionen gezielt ermöglichen

Realitätsbezüge
Woran also können wir erkennen, ob wir wirklich angenehme Emotionen wahrnehmen beziehungsweise in uns tragen? Ist die Freude über eine Glückwunschkarte real? Ist sie hilfreich für Höchstleistungen? Gibt es einen Unterschied zwischen dieser Freude und der, die du vielleicht bei der Geburt deines Kindes verspürst? Es ist in der Forschung schon lange üblich, zwischen kurzfristigen und langfristigen beziehungsweise nachhaltigen Emotionen zu unterscheiden. Das ist auch für uns im Alltag und für das Ziel der Spitzenleistungen von großer Bedeutung. Du kannst dein Leben kurzfristig gestalten und springst so immer von einem angenehmen Moment zum nächsten, aber auch immer stets von der Angst getrieben, keinen weiteren schönen Moment zu erfahren oder doch mit einem schlechten konfrontiert zu werden. Die andere Möglichkeit besteht in einer nachhaltigen Lebensausrichtung. Dabei kannst du kurzfristige angenehmen Emotionen genauso erfahren, gleichzeitig versteifst du dich aber nicht auf diese, sondern gehst der Spur nach, dein Leben so zu „polen", dass es grundsätzlich von angenehmen Emotionen geprägt wird. Damit schafft man Freiraum, weil man weniger von bestimmten Situationen abhängig wird. Man gewinnt zunehmend Kontrolle über die eigenen Emotionen und kann diese gezielt einsetzen. Dies ist auch ein Wesensmerkmal der Resilienz beziehungsweise der Salutogenese.

Weiterhin ist es wichtig, zwischen echten und falschen Emotionen zu differenzieren. Echte angenehme Emotionen entstehen aus natürlichen Quellen wie persönlichen Errungenschaften, sozialen Interaktionen und der Bewältigung von Herausforderungen. Falsche Emotionen sind die Folge inadäquater Erwartungen, falscher Selbstbilder oder im schlimmsten Falle einer Manipulation.

Die Echtheit prüfen
Hieran kannst du erkennen, ob deine angenehmen Emotionen echt sind:

- Echte angenehme Emotionen fördern die sozialen Beziehungen und die Zusammenarbeit. Falsche führen dagegen oft in soziale Isolation und Konflikte (Es gibt ja Menschen, die ein vermeintliches Wohlbefinden haben, wenn sie ständig Konflikte bewältigen beziehungsweise wenn sie streiten).
- Echte angenehme Emotionen gehen oft mit einer positiven Selbstwahrnehmung und mit einem stabilen Selbstwertgefühl einher. Falsche angenehme Emotionen korrelieren oftmals mit einem niedrigen Selbstwertgefühl (Ein Beispiel wäre ein drogenabhängiger Mensch, der in kurzen Momenten das Angenehme sucht und zugleich davon geplagt ist).
- Menschen, die echte angenehme Emotionen erleben, zeigen in der Regel eine höhere emotionale Intelligenz, während falsche angenehme Emotionen die emotionale Wahrnehmung und Regulation beeinträchtigen können.
- Echte angenehme Emotionen sind nachhaltig und tragen langfristig zur Lebenszufriedenheit bei. Hier besteht eine Wechselwirkung, denn eine erreichte Lebenszufriedenheit fördert im Umkehrschluss auch die Affinität zu echten angenehmen Emotionen.
- Echte angenehme Emotionen unterstützen die Anpassung an Veränderungen und die Bewältigung von Herausforderungen.
- Personen, die echte angenehme Emotionen erleben, behalten in der Regel die Kontrolle über ihr Verhalten.

Mach dir deinen Alltag bewusster und achte auf die eben beschriebenen Phänomene. Wo, wann oder wie zeigen sich bei dir die echten angenehmen Emotionen?

2 Angenehme Emotionen gezielt ermöglichen 21

Das Angenehme gezielt fördern
Im nächsten Schritt geht es darum, dass in Angriff zu nehmen, was Spitzensportler und Erfolgsträger in der Wirtschaft routiniert nutzen, um Erfolge in Berufs- und Privatleben zu schaffen. Sie ergreifen bewusst Maßnahmen und Strategien, um angenehme emotionale Zustände gezielt hervorzurufen und zu fördern. Dies kann situationsbezogen oder generell auf das tägliche Leben angewendet werden. Das heißt, statt darauf zu warten, dass irgendwelche Reize von außen angenehme Emotionen zufällig auslösen, drehen wir den Spieß um, um auf diese Weise so oft wie möglich selbst zu entscheiden, was wir fühlen wollen. Und natürlich wollen wir echte angenehme Emotionen. Die gilt es zu erzeugen. Hierfür stehen unterschiedliche Ansätze zur Verfügung, die je nach Methode einzeln oder in Kombination angewendet werden können. Das Spannende: Manches davon nutzen wir intuitiv, nur halt nicht bewusst, also nicht zielgerichtet und systematisch. Eine wichtige, sogar grundlegende Methode ist die Zielsetzung. So trivial dies klingen mag, aber dahinter stehen zahlreiche weitere Prozesse, die unser System der Emotionen prägen.

Ziele sind zum Zielen da
Über Ziele sprechen Experten der Psychologie oder Philosophie schon seit langem. Die Frage, was man wirklich will, ist nämlich existenziell. Woher kommt unser Wille? Wie unterscheiden sich „wollen" und „Wille"? Sind Wille und Ziel identisch? Wie kommt ein Wille zustande? Ist er wirklich selbstbestimmt? Welche Ziele sind mehr von außen und welche mehr von innen gesteuert? Wir haben jeden Tag eine Menge Ziele in uns, einige davon sind uns nicht bewusst, andere wollen wir krampfhaft erreichen. Wieder andere betrachten wir mit Skepsis, andere mir Respekt. Ziele sollten grundsätzlich realistisch, messbar und erreichbar sein. Sie sollten einen Menschen herausfordern, aber

nicht überfordern. Eine einfache Regel bestimmt sogenannte SMART-Ziele:

> **Abkürzung**
> **S** pecific (spezifisch, also so konkret wie möglich)
> **M** easurable (messbar, also wenig bis gar nicht abstrakt)
> **A** chievable (erreichbar, also ansprechend, erstrebenswert)
> **R** easonable (angemessen, also realisierbar)
> **T** ime-bound (terminiert, also mit Terminen versehen)

Realistische, messbare und erreichbare Ziele korrelieren mit einem Gefühl der Leistung und Selbstwirksamkeit. Wenn ein Mensch realistischen Zielen nahekommt oder sie erreicht, merkt er, dass er etwas bewirken kann, dass er die Welt anpacken und verändern kann. Wer sich Ziele zu hoch setzt und sie nie erreicht, der merkt nur immer wieder, dass er nicht gut genug sei. Bei zu niedrig angesetzten Zielen tritt das Gegenteil ein. Man kann sich aufblähen und behaupten, ach so toll zu sein, obwohl man in Wirklichkeit nichts erreicht hat.

Willenskraft als Bewegungsenergie
Ziele oder wünschenswerte Zustände sollten auch vorweggenommen werden mit der eigenen kognitiven Kraft. Hier ist die Unterscheidung zwischen Ziel und Wille essenziell, möchte man Wille als Kraft verstehen. Ein Ziel ist ein zu erreichender Zustand. Der Wille ist die Triebkraft, um dieses Ziel zu erreichen. Ein schwacher Wille erhöht das Risiko, das Ziel nicht zu erreichen. Ein extremer Wille kann auch dazu führen, das Ziel zu verfehlen. Man denke an einen wilden Stier, der das rote Tuch vor lauter Wut und Wallung nicht mehr treffen kann. Um die Kraft des Willens optimal auszuschöpfen beziehungsweise um sie zu entwickeln oder zu trainieren, helfen Visualisierungen, also Vorstellungen

über die Ziele. Man kann sich auch angenehme Emotionen visualisieren. Entscheidend ist, dass man in sich geht und sich klar darüber wird, was man wirklich will.

Eine andere Möglichkeit ist sehr naheliegend: Die innere Stimme effizient und effektiv nutzen. Wir alle haben sie, wir alle kennen sie. Wenn wir mal weniger mit äußeren Dingen beschäftigt sind, erzählt sie uns alles Mögliche, meistens bestimmen wir nicht, was sie sagt. Wir hören zu. Dort, wo zugehört wird, wird aber auch gesprochen. Wer sagt also, dass wir nur zuhören müssen? Selbstgespräche sind nichts Ungewöhnliches und auch nicht pathologisch. Der innere Monolog (oder Dialog?) kann in die eigene Hand genommen werden. Wir erzählen dann mit uns einfach in positiver Weise und tanken so Motivation, Selbstvertrauen und Willenskraft. Das kann mit Affirmationen geschehen, indem man bestimmte Ziele oder wünschenswerte Zustände mit bestimmten Wörtern oder Sätzen koppelt, die man wiederholt.

Annäherungen an die Essenz

Das Erlernen von Techniken zur Stressbewältigung hilft, mehr Klarheit zu gewinnen, Ziele besser zu definieren und den Raum zu schaffen für echte angenehme Emotionen. Man läuft weniger Gefahr, sich in negativen zu verstricken oder Versprechungen nachzulaufen. Zum Beispiel helfen Atemübungen, progressive Muskelentspannung oder Meditation, um Ängste, Wut, Nervosität und andere eher negative Emotionen abzubauen beziehungsweise sie gar nicht erst entstehen zu lassen. Gerade im Umgang mit anderen Menschen ist das Fördern von Teamgeist und des Zusammenhalts wesentlich: gemeinsame Aktivitäten, offene Kommunikation und gegenseitige Unterstützung sind tragende Säulen einer gemeinsamen Entwicklung, bei der echte angenehme Emotionen folgen werden.

Ebenso gilt es, Erreichtes zu feiern. Erfolge sind Meilensteine und dürfen ruhig ausgekostet werden. Spaß und Leidenschaft sollten niemals fehlen bei den Dingen, die man angehen will. Das ist ganz wichtig für das Schaffen von Raum für angenehme Emotionen, die ihrerseits deutlich mehr Effizienz und Effektivität im Leben zulassen. Wie in Abb. 2.1 abgebildet, sind hier ein Verständnis zu entwickeln und entsprechende Impulssetzungen im eigenen Leben vorzunehmen:

Es spielt keine Rolle, von welcher Seite her man herangeht:

1. Erfolge im Leben bedingen echte angenehme Emotionen. Diese fördern die drei Primäremotionen.
2. Wiederkehrende, häufige Primäremotionen sind die Grundlage für echte angenehme Emotionen in vielen Situationen, was wiederum Erfolge zeitigt.
3. Echte angenehme Emotionen (Je mehr, desto besser!) festigen die drei Primäremotionen, die Erfolge zeitigen.

Diese Trias kann weiter mit jeder möglichen Richtung gedacht werden. Alle Seiten sind wichtig. Sie bedingen einander und unsere Aufgabe besteht darin, die drei Seiten gleichsam zu fördern. Im Sport, gerade im Leistungssport,

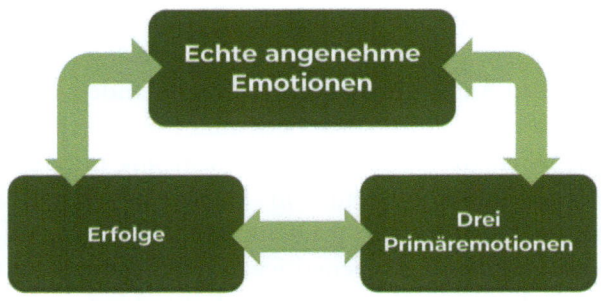

Abb. 2.1 Angenehme Emotionen

können durch Sieg und Niederlage sehr starke Emotionen bei Sportlerinnen und Sportlern ausgelöst werden. Ein Sieg lässt die Menschen euphorisch werden. Eine Niederlage weckt Emotionen, die manchmal an Depressionen erinnern. Auf das Dreieck angewendet, könnten die Zusammenhänge wie folgt aussehen: Der Sieg (Erfolg) löst starke angenehme Emotionen aus (echte angenehme Emotionen), diese führen dazu, dass man sich weiter mit der Sache, also dem Sport beschäftigt. Interesse, Liebe und Freude (drei Primäremotionen) steigen. Und umgekehrt: Die drei Primäremotionen sind relativ stark ausgebildet, die Sportlerinnen und Sportler gehen mit angenehmen Emotionen ins Spiel und holen den Erfolg.

Zur inneren und äußeren Logik
Der Aspekt des Erfolgs zeigt neben der Wechselwirkung mit den anderen beiden Faktoren, auf ein weiteres Kriterium: Der Erfolg ist ein äußeres Phänomen. Das zeigt sich im Sport besonders deutlich, weil es äußere Ordnungen (Spielregeln) sind, die darüber entscheiden, ob Einzelsportlerinnen und -sportler oder Mannschaften gewinnen oder nicht. Es gilt daher, Bedingungen und Umstände zu schaffen, die positive, angenehme emotionale Zustände wie Freude, Liebe, Zufriedenheit, Entspannung und Glück ermöglichen. Ständige Niederlagen im Sport zählen nicht dazu. Auch beim Siegesjubel muss man zweimal hinschauen: Die Euphorie über einen Sieg hat wenig mit Entspannung zu tun. Es ist extreme Anspannung. Aber die Tage danach sind oftmals von einer heiteren Gelassenheit geprägt. Im Sport immer wieder Herausforderungen meistern, schafft positive Selbstbilder und man ist einfach gerne bei der Sache. Wer gerne bei der Sache ist, zeigt hohe Leistungen und steigert seine Erfolgschancen.

Doch es gibt leider auch einige Faktoren, die diesen Dynamiken entgegenstehen, sie sogar ausbremsen. Ein hoher

Stresslevel ist hier exemplarisch zu nennen. Dieser kann auch nach einem Sieg eintreten, wenn sich eine Mannschaft beispielsweise so unter Druck setzt, dass sie glaubt, sie müsse nach einem Sieg alsbald die nächsten erlangen. Zu viele Niederlagen erhöhen natürlich auch den Stresslevel, weil man zunehmend unter Druck gerät, gerade im Leistungssport, wo es nicht nur um die sportlichen Leistungen geht, sondern auch um handfeste wirtschaftliche Aspekte.

Störfaktoren
Je mehr Stress ein Mensch hat, desto mehr verstärken sich bei ihm die unangenehmen Emotionen. Das Empfinden von angenehmen Emotionen wird viel schwerer gemacht. Stress kann auch die Freisetzung von Hormonen wie Cortisol und Adrenalin erhöhen, die die Emotion der Freude und das Gefühl der Entspannung verringern und stattdessen die Emotion Angst und das Gefühl der Unruhe verstärken können. Wenn Stress chronisch wird, kann er zu einem dauerhaften Zustand der Anspannung und Angst führen, der das allgemeine Wohlbefinden beeinträchtigt und der es schwierig macht, angenehme Erfahrungen und Emotionen zu spüren. Wichtig ist, zwischen positivem Stress und negativem zu unterscheiden. Der positive schafft Motivation, Kraft und Zuversicht. Er entsteht, wenn man sich herausgefordert fühlt, ohne dass die Herausforderung zu groß erscheint. Negativer Stress ist die Folge der Überforderung und einer länger anhaltenden Stressphase. Hier sind der Adrenalinspiegel und Blutdruck über einen längeren Zeitraum auf erhöhtem Niveau und die bereitgestellte Energie kann nicht hinreichend abgebaut werden.

Andere störende Einflüsse im Überblick
- negative Gedankenmuster
- Zeitnot
- fehlende oder unsichere Ziele

- schlechte Umweltfaktoren
- emotionale Blockaden

2.1 Transformative Kraft von Liebe

„Die Liebe ist der Ursprung des Fußballspiels, das, was jeden Jungen auf dem Bolzplatz antreibt. Wenn diese Liebe zum Spiel nicht mehr gefühlt wird, ist es nicht nur schade, sondern auch leistungsmindernd." (Christian Spreckels, Sportwissenschaftler, Psychologe und Mentaltrainer). Wer sich an seine Kinderzeit erinnern kann und damals schon eine Liebe zum Fußball hatte, der wird sich vermutlich auch daran erinnern, wie schmerzhaft es war, wenn man mal nicht spielen konnte. Er wird sich daran erinnern, wie riesig die Vorfreude war, endlich wieder auf den Bolzplatz gehen und spielen zu können.

Sportliebe – oder die Liebe zum Sport
Der Begriff „Liebe" als Primäremotion beschreibt im Sport eine tief empfundene Begeisterung, Freude und Leidenschaft, die Sportlerinnen und Sportler empfinden, wenn sie ihre Sportart ausüben. Diese Emotion ist eng mit der intrinsischen Motivation verbunden, da sie aus dem inneren Antrieb der Menschen kommt und nicht von äußeren Belohnungen oder Druck beeinflusst wird. Diese Emotion ist rein, unverfälscht. Spitzensportler wie Boris Becker und Roger Federer im Tennissport oder auch Tiger Woods im Golfsport sind Paradebeispiele für das begeisterte Leben mit und für den Sport. Ohne diese tief empfundene Liebe zu ihren Sportarten wären die Spitzenleistungen dieser Menschen nicht möglich gewesen. Die Liebe verbindet und sie hält zusammen. Damit schafft sie optimale Grundlagen für das eigene Handeln und die eigene Entwicklung. Wer diese Liebe nicht verspürt bei dem, was er tut, der kann sich

vermutlich allzu gut an seine Schulzeit erinnern, wenn er in einem Unterrichtsfach sitzen musste, das ihn in keiner Weise berührt hat. Das beste Gefühl, was er vermutlich hatte, war Langeweile, also völlig motivationslos, das Schlimmste, was er mit dem Fach verbunden haben könnte, wären Wut, Hass oder andere Formen der Ablehnung und (Lern-)Verweigerung. Wer z. B. Mathe liebt hat, der folgt nicht nur dem Unterricht. Er geht zur Mathe-Olympiade, misst sich mit anderen, widmet auch seine Freizeit gerne der Mathematik. Er lernt und tut. Im Sport, der Wirtschaft und im persönlichen Leben ist das nicht anders. Es braucht ein inneres Feuer für die Dinge, die man tut.

Diese Liebe kann sich vielfach zeigen, v. a. in einem sehr starken Gefühl der Zuneigung, Verbundenheit und Hingabe, in einer positiven Einstellung gegenüber der Sache oder einer Person, in einem tiefen Verständnis und tiefen Respekt für die Bedürfnisse anderer, in der Fähigkeit, Freude und Glück mit anderen zu empfinden, aber auch in der Bereitschaft, Opfer zu bringen beziehungsweise Verantwortung zu übernehmen.

Liebe als Kraft
Liebe ist eine transformative Kraft. „Transform" oder „Transformation" deutet auf Veränderungsprozesse hin und wer beispielsweise in der Partnerschaft Liebe erfahren hat, der weiß, welche Dinge sie zu ändern vermag, Dinge, von denen man früher nie geglaubt hat, sie je zu ändern. Der Partnerin oder dem Partner ZU LIEBE ändert man sich. Wer seinen Sport liebt, der ändert sich auch. Er wird immer alles dafür tun, dass die Beziehung zwischen ihm und dem Sport die bestmögliche ist. Das verlangt viel Arbeit an einem selbst, doch ist dies keine Arbeit im Sinne der Anstrengung. Man tut es, weil man eben liebt, was man tut.

Ich kann Ihnen aus persönlicher Erfahrung sagen, dass es bei Liebe um eine umfassende Emotion geht, die weit über

2 Angenehme Emotionen gezielt ermöglichen

die bekannten Formen wie z. B. Partnerschaft oder der Liebe zu den eigenen Kindern hinausreichen kann.

Bei mir gab es eine Liebe zum Ball – und das auf Anhieb. Ja, wirklich! Jeden Tag nach der Schule ging ich nahezu immer auf den Fußball-, Tennis- oder später auch Golfplatz. Mein Leben war von Kindesbeinen an vom Sport bestimmt. Auch das Skifahren und die Berge waren sehr früh Teil meines Lebens. In jeder freien Minute ging ich als Bub mit dem Fußball in den Garten oder ich fing einfach dort an zu spielen, wo ich gerade stand. Meine Mutter musste erleben, wie ich immer wieder ihre Blumen oder auch mal den Zaun vom Nachbarn kaputt gemacht habe. Auch die frisch gestrichene Wand unseres Hauses habe ich immer wieder dreckig gemacht und wurde mit einer Backpfeife von dem Anstreicher versehen. Die Liebe zum Ballsport zog sich weiter durch mein Leben: Fußball bis zur Jugend beim VFL Sürth, Tennis bis in die Verbandsliga und der Golfsport bis heute. In letztem war ich Teil der Jugendnationalmannschaft und 10 Jahre in der ersten Bundesliga mit einigen späteren Profisportlern. Wie bei den großen Sportlerinnen und Sportlern meiner Zeit hat sich der Ballsport nie als Arbeit angefühlt. Sie war ein natürlicher Prozess, den meine Eltern zum Glück zugelassen und unterstützt haben. Dafür bin ich ihnen bis heute sehr dankbar. Auch daran kann man erkennen, ob man das liebt, was man tut: Es fühlt sich natürlich ein. Man ist dort, wo man ist, einfach richtig.

Eine Leidenschaft für den Sport kann entdeckt oder entwickelt werden, indem man verschiedene Sportarten ausprobiert und herausfindet, welche am meisten Spaß machen und persönlich erfüllend sind. Eine unterstützende Sportgemeinschaft oder ein Team können dazu beitragen, Liebe und Engagement für den Sport zu fördern. Somit hängt alles zusammen, die Menschen, die eigene Haltung, die Sportart beziehungsweise die Sache, die man anpackt. Die Liebe zum Sport entwickelt sich oft über längere Zeit und wächst mit kontinuierlicher Teilnahme und Engagement. Das kann und darf nicht erzwungen werden. Sport und Kunst sind zwei Bereiche, in denen dies besonders deutlich wird, nämlich in der Kindererziehung und in der Leistung: Kinder, die von ihren Eltern in einer Sportart oder in einer Kunstrichtung gedrillt werden, nur weil die Eltern glauben, es sei das Beste für die Kinder, resignieren irgendwann. Im Leistungssport scheitern Menschen, wenn sie sich unter Druck setzen, um jeden Preis Leistung zeigen zu müssen.

Liebe schafft Unmögliches
Die Leistung ist nicht länger die Folge der eigenen Begeisterung, sondern nur noch das Resultat vom Wechselspiel zwischen Erwartung und Enttäuschung. Die Liebe zum Sport sollte authentisch sein und nicht erzwungen werden. Eine forcierte Leidenschaft ist in der Regel weniger effektiv und die Freude am Sport kann dauerhaft beeinträchtigt werden. So gibt es aber auch Menschen, die mit Sport eher weniger zu tun haben. Sie leiden unter aufgezwungenen Erwartungen, die sie sich selbst geben oder die sie von anderen Menschen empfangen. Es ist keine Liebe da, kein Enthusiasmus, keine wirkliche Freude. Die intrinsische Motivation ist zu gering und somit besteht das Risiko, sich zu sehr von extrinsischer Motivation abhängig zu machen, also nur noch zu funktionieren, um Belohnungen zu erhalten oder negative Reize wie Bestrafungen zu vermeiden, einem dressierten Tier nicht unähnlich.

Ein bekanntes Beispiel für die wahnsinnigen Erfolge, die durch Liebe zum Sport initiiert werden, sind die Leistungen im Basketball von Michael Jordan. Jordan ist bis heute eine Legende im Basketball und hat in seiner Karriere unzählige Auszeichnungen und Titel gewonnen. Er spielte 15 Saisons in der NBA, hauptsächlich für die Chicago Bulls und führte das Team zu sechs NBA-Meisterschaften.

2　Angenehme Emotionen gezielt ermöglichen

Er zeigte schon in jungen Jahren ein großes Interesse am Basketball und verbrachte täglich zig Stunden damit, seine Fähigkeiten zu verbessern. Seine Liebe zum Spiel trieb ihn dazu an, hart zu arbeiten und immer besser zu werden. Er war bekannt für seine Entschlossenheit, seine Teamkollegen zu inspirieren und seine Gegner mit spielerischer Leichtigkeit zu dominieren.

2.2　Freude als Motor für Leichtigkeit

Der erste Mastersieg von Tiger Woods im Jahr 1997 war ein historischer Moment im Golfsport und löste bei Woods und vielen Golf-Fans auf der ganzen Welt ein unsagbares Gefühl der Freude aus. Woods hatte sich bereits in den Jahren zuvor einen Namen gemacht und galt als einer der vielversprechendsten jungen Golfer seiner Generation. Der Sieg bei den Masters 1997 war sein erster großer Titelgewinn und ein entscheidender Punkt in seiner Karriere. Woods spielte brillant und zeigte sein Talent und seine Klasse auf dem Platz. Er gewann das Turnier mit einem Rekordvorsprung von 12 Schlägen und begeisterte die Zuschauer mit seinem Spiel. Sein Sieg läutete eine neue Ära im Golf ein: Die Sportart wurde dank Tiger Woods sehr viel bekannter und löste einen regelrechten Hype aus. Auch Nichtgolfer wurden auf diesen wunderbaren Sport und seine Emotionen aufmerksam.

Freude braucht das Leben!
Natürlich zeigt die Geschichte mit Tiger Woods auch, dass Liebe und Freude untrennbar zusammenhängen. Er liebte und liebt den Golfsport. Erfolge in diesem wie etwa der Mastersieg lösen dann unmittelbare und echte Freude aus, die zu weiteren Leistungen anspornt. Die Primäremotion

bezieht sich auf ein positives emotionales Erleben, das oft als Reaktion auf eine angenehme Situation, einen Erfolg oder eine positive Veränderung auftritt. Man kann auch einfach sagen: Der Mensch freut sich, wenn das eintrifft, was er will, sich wünscht und erwartet.

Im Vergleich zur Liebe ist die Freude eher kurzlebig und meist auf konkrete Situationen bezogen. Sie entsteht spontan und ist stärker als Vergnügen. Die Freude lässt sich dahingehend bewusst fördern, wenn man dem nachgeht, was einem Menschen Freude bereitet. Das klingt einfach, das heißt aber nicht, dass es auch leicht ist, denn wir müssen zunächst wissen, was uns wirklich Freude schenkt. Sie muss unverfälscht sein. Keiner kann sich auf Kommando freuen. Er kann sich aber sehr wohl in Umstände begeben, die die Entwicklung dieser Emotion fördern. Tiger Woods hat sich seiner Liebe zum Golfsport verschrieben und durch seine Leistungsbereitschaft viele freudvolle Momente generiert. Die Liebe zu Sport ließ ihn „dranbleiben", denn tut ein Mensch etwas ohne Liebe, ist es oft nur eine Frage der Zeit, bis er endgültig scheitert oder sich gänzlich abwendet.

Will man hierarchisch denken, dann fußt die Freude als situationsorientierte Emotion auf der Liebe zu einer bestimmten Sache, die dann in den spezifischen Situationen manifest wird. Freude schafft die Basis für sämtliche Erfolge im Leben eines Menschen, denn mit ihr …

- … erfährt man Selbstwirksamkeit.
- … wird Stress natürlich abgebaut.
- … gewinnt ein Mensch Selbstvertrauen.
- … gelangt man zu mehr Kreativität.
- … gelingen Beziehungen zu anderen Menschen.
- … kann die individuelle Belastbarkeit erhöht werden.
- … kann der Fokus auf positive Dinge gerichtet werden.

2 Angenehme Emotionen gezielt ermöglichen

Die organische Entwicklung
Die Primäremotion der Freude bildet sich eigentlich natürlich-intuitiv, ohne, dass man etwas dafür tun müsste. Aber wir leben in einer Gesellschaft, die an Erwartungen überquillt, und mit jeder Erwartung verstopft man sich den Kanal zur Freude, weil man sich unter Druck setzt oder unter Druck setzen lässt. Plötzlich tut man Dinge, die man gar nicht tun will, nur weil man glaubt, sie wären geboten. Oder schlimmer: Man freut sich über diese Dinge, mit denen man eigentlich gar nichts zu tun haben würde. Man zwingt sie sich auf. Daher ist Selbstreflexion geboten:

- Was schafft für dich unmittelbare Freude?
- Worüber hast du dich als Kind gefreut?
- Kannst du dich grundlos freuen?
- Was macht Freude mit dir?

Im Leistungssport liegt der Fokus selbstverständlich auf Höchstleistungen und Wettbewerbserfolg. Das ist in der Wirtschaft beziehungsweise auf der Ebene höherer Führungskräfte nicht anders. Dieses hohe Leistungsvermögen hält kein Individuum lange aus, wenn die Freude fehlt, denn sie funktioniert wie ein Akkuladegerät. Ohne Freude kann ein Mensch zwar auch sehr starke Leistungen bringen, aber er wird sich irgendwann auspowern, er kann dann schlicht nicht mehr. Burn-out und ähnliche Phänomene gehen nicht selten einher mit fehlender Freude im Berufsleben. Sie ist kein Luxus, sondern eine notwendige Grundlage für unsere Lebensgestaltung und Erfolge. Dabei besteht eine Wechselwirkung (siehe Abb. 2.2).

Es spielt keine Rolle, an welcher Stelle du in den Fluss springst. Du kannst aus Erfolgen Freude gewinnen, aber du kannst genauso auch auf Basis einer echten Freude die Chance auf Erfolge deutlich erhöhen, sofern die Freude kanalisiert ist auf jene Tätigkeiten, denen du ehrlich nachgehen willst, weil du eben Freude an ihnen hast.

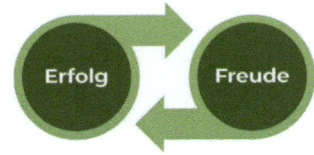

Abb. 2.2 Erfolg und Freude

Erfolge als netter „Zusatz", nicht als krampfhaftes Ziel
Die Erfolge stellen sich dann als Begleiterscheinung ein. Dadurch bekommst du eine viel intensivere Leichtigkeit in dein Tun. Du handelst im Flow, und dies höchst effizient: Bei minimalem Aufwand erzielst du maximale Erfolge, weil du deutlich weniger Kraft aufwenden musst als Menschen, die nicht mit Freude dabei sind. Die müssen sich zusätzlich zu den äußeren Herausforderungen ihrem inneren Schweinehund stellen, und der kann sehr hartnäckig sein.

2.3 Interesse als Treiber kreativer Lösungen

„Die Maus ist die metaphorische Figur für die Primäremotion Interesse, denn sie gilt als neugieriges und sehr lernfähiges Tier. Gleichzeitig kann die Maus durch verlockende Reize, wie ein Stück Käse, in ihrer Aufmerksamkeit auch sehr fixiert sein. Damit illustriert sie sehr gut sowohl die funktionale als auch die dysfunktionale Seite von Interesse." (Eilert & Langwara, 2022). Die neugierige Maus kann sich auf ein Stück Käse fixieren, doch sieht sie auch, ob der Käse in einer Falle liegt? Interesse im Sinne einer absichtsvollen Aufmerksamkeit oder Anteilnahme ist mehr als die reine Neugier. Ein Mensch, der stets nach Neuem giert, ist Sklave seiner selbst. Er opfert sich der Gier. Ein Mensch mit Interesse geht selbstbestimmt seinen Interessensfeldern nach. Er muss sich dabei nicht wie die Maus auf einen einzelnen Aspekt fokussieren, was eher einer Konzentration gleichkäme als authentischem Interesse mit einem wachen Geist.

Interesse – inter esse (lat.) = dazwischen sein
Interesse ist mehr als Neugier. Es handelt sich um einen tiefgreifenden Erfahrungs- und Veränderungsdrang. Jemand mit echtem Interesse in einem bestimmten Gebiet, wird dieses erforschen. Er wird es analysieren, kritisieren und immer mehr zum integralen Bestandteil seines Lebens werden lassen. Hierfür sind Beispiele aus dem Fußball prädestiniert. Profi-Fußballer hören am Karriereende mit dem Fußball nur ganz selten auf. Irgendwie bleiben sie in Kontakt. Es kann sein, dass sie Trainer werden, Manager oder sich auf die Vereinsarbeit in kleineren Ligen kümmern. Sie werden nicht selten Sportmoderatoren oder übernehmen ehrenamtliche Posten im Fußball. Wenn nichts Gravierendes dazwischenkommt, widmen sich diese Menschen ihr gesamtes Leben dem Sport. Das zeugt von einer tiefen Verbundenheit, wiederkehrenden Freudenmomenten und einem enormen Interesse. Interesse und Kreativität sind zwei Dinge, die oft Hand in Hand gehen. Wenn du an etwas interessiert bist, bist du auf natürliche Weise auch motiviert, dich damit auseinanderzusetzen und Neues zu lernen. Das ist genau der Punkt, an dem Kreativität ins Spiel kommt. Wenn du beispielsweise Interesse am Golfsport hast, wirst du „automatisch" kreativ, wenn es darum geht, deinen Schwung zu verbessern oder neue Taktiken zu entwickeln, um deine Gegner zu überraschen. Vielleicht probierst du unterschiedliche Schläger aus, änderst deine Haltung oder probierst neue Mentaltechniken aus. Kreativität beim Golf kann auch bedeuten, dass du gänzlich neue Wege findest, um das Spiel interessanter und abwechslungsreicher zu gestalten. Zum Beispiel könntest du mit deinen Freunden eine eigene Variante des Spiels erfinden oder einen Hindernisparcours auf dem Golfplatz bauen.

Interesse als Impulsgeber

Jemand mit Interesse an einer Sache, widmet sich dieser. Er lernt sie kennen und erfährt immer wieder, dass er sich unendlich in ihr entwickeln kann. Das Interesse muss natürlich echt sein. Fehlt es, käme der Mensch einem Roboter gleich, der nur dazu da ist, bestimmte Funktionen oder Handlungen auszuführen. Das ist keineswegs kreativ.

Kreativ sein, heißt:

- Impulse zu erkennen und Impulse eigenständig zu setzen,
- auch mal unkonventionell zu denken,
- Wissen zu transferieren,
- neue Möglichkeiten zu erkennen,
- Routine zu hinterfragen,
- Innovation zeigen und
- eine hohe Anpassungsbereitschaft haben.

Jeder Mensch hat bestimmte Themen, die ihn faszinieren, denen er nachgehen will, mit denen er sich intensiv beschäftigt. Diese kann es im Berufsleben genauso geben wie im Privatleben. Entscheidend ist, dass jeder Mensch die Möglichkeit hat, zu einem kreativen Experten in diesem Gebiet zu werden. Das hat nichts mit Talent zu tun. Ein Fußballer muss erst die Grundlagen kennenlernen, ehe er damit beginnen kann, einen eigenen Spielstil zu entwickeln. Er muss die Regeln kennen und auch die verschiedenen Techniken. Er braucht auch Erfahrung auf dem Platz. Alles Dinge, die er bekommt, wenn er seinem Interesse am Fußball nachgeht. So ist es überall! Kreative Lösungen für Probleme ergeben sich, wenn man sich in dem Problemfeld gut auskennt und nicht nur ein Interesse daran hat, schnellstmöglich eine Lösung zu finden. Viele Profis und Experten beschäftigen sich interessensgestützt nicht nur mit Lösungsfindungen. Sie sind auch von den Problemen, die es zu bewältigen gilt, fasziniert. Es liegt eine umfassende Motivation vor, die natürlich dazu beiträgt, Lösungsstrategien zu finden oder zu entwickeln.

Interesse heißt „Bewegung"
Die Primäremotion „Interesse" kann Sportlerinnen und Sportler dazu bringen, hart zu arbeiten, um ihre Fähigkeiten und Techniken zu verbessern, sich auf ihre persönliche Entwicklung zu konzentrieren und ihre Leidenschaft und Begeisterung für ihre Sportart auszudrücken. Es ist eine intrinsische Motivation, die die Athletinnen und Athleten dazu inspiriert, sich auf ihre persönliche Entwicklung und Verbesserung zu konzentrieren, anstatt nur auf den Gewinn oder Verlust von Spielen. Diese Menschen denken, handeln und fühlen nachhaltiger als Menschen, die nur von einem Moment zum nächsten schreiten. Mehrere Wechselwirkungen und Folgen sind zu beachten (Abb. 2.3).

Aus dem gesteigerten Interesse an einer Sache erwächst ein umfassendes Verständnis für diese. Auf Basis des Verständnisses können kreative Wege beschritten werden, die

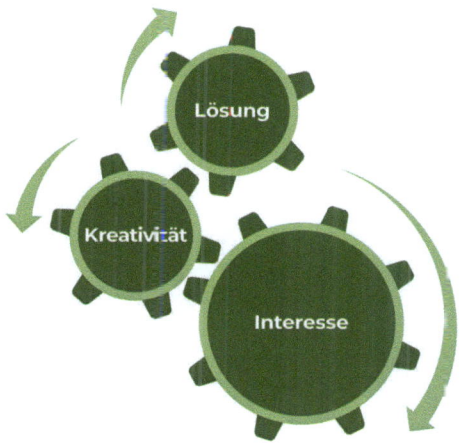

Abb. 2.3 Emotion Interesse

Lösungen ermöglichen beziehungsweise generell Leistungen verbessern. Dies kann man in jeder Sportart wunderbar erkennen, wenn man kritisch auf die Sportlerinnen und Sportler schaut und nach deren Motiven sucht. Jene, die nur für Geld tätig werden, sind oft unmotiviert, frustriert, ignorant, desinteressiert, sie machen nur das Nötigste. Sportlerinnen und Sportler, denen es um den Sport geht, sind neugierig, freuen sich auf die Wettkämpfe, bereiten sich vor, denken mit, forschen die Sportart aus, inspirieren andere, lassen sich nicht unterkriegen und geben immer ihr Bestes, selbst dann, wenn sie keine aktiven Sportlerinnen und Sportler mehr sind. Und warum? – Weil sie Liebe, Freude und Interesse für ihre Sportart gefunden haben.

Literatur

Eilert, D., & Langwara, R. (2022). *Die Kraft der Emotionen – Resilient und stressfrei mit Mesource*. Junfernmann Verlag.

Weiterführende Literatur

Agassi, A. (2019). *OPEN – Das Selbstporträt*. Droemer Verlag.
Barnow, S. (Hrsg.). (2020). *Handbuch Emotionsregulation. Zwischen psychischer Gesundheit und Psychopathologie*. Springer.
Barnow, S., Reinelt, E., & Sauer, C. (2016). *Emotionsregulation. Manual und Materialien für Trainer und Therapeuten*. Springer.
Berking, M. (2017). *Training emotionaler Kompetenzen*. Springer.
Besser-Siegmund, C., & Rathschlag, M. (2013). *Mit Freude läuft's besser. Durch Wingwave positive Emotionen fördern und Leistung steigern*. Junfermann Verlag.
Clarey, C. (2022). *Der Maestro – Roger Federer*. Edel Verlagsgruppe.

Goleman, R. (2022). Die 7 Säulen der EMOTIONALE INTELLIGENZ. 4 BÜCHER IN 1 | Positives Denken: Selbstliebe & Führungskraft. Ausdrucksweise Verbessern: Kognitive Verhaltenstherapie, NLP, Dunkle Psychologie & Manipulation. Independently published.

Windscheid, L. (2021). *Besser fühlen – Eine Reise zur Gelassenheit*. Rowohlt Verlag.

3

Enthusiasmus, die mentale Extraqualität

Eine kleine Geschichte zum Enthusiasmus im Golfsport:

> **Das Wunder von Medinah – Martin Kaymer (Ryder Cup 2012)**
>
> Martin Kaymer, einer der besten deutschen Golfprofis, hat im Laufe seiner Karriere mehrmals bewiesen, wie wichtig Enthusiasmus und Leidenschaft für den Erfolg im Sport sind. Eines der eindrucksvollsten Beispiele war seine Rolle beim „Wunder von Medinah" während des Ryder Cups 2012. Der Ryder Cup ist ein prestigeträchtiges Golfturnier, bei dem die besten Golfer aus Europa und den Vereinigten Staaten alle zwei Jahre gegeneinander antreten. Die Veranstaltung zieht immer weltweit Millionen von Menschen an und ist bekannt für die besonders spannenden und emotional aufgeladenen Wettkämpfe. Das Wunder von Medinah fand während des Ryder Cups 2012 im Medinah Country Club in Illinois, USA, statt. Das europäische Team lag nach den ersten beiden Tagen des Turniers deutlich hinter den Amerikanern zurück. Der Punktestand war 6 zu 10. Es schien fast unmöglich, dass Europa den Rückstand aufholen und den Cup gewinnen könnte. Am entscheidenden letzten Tag des Turniers zeigte

> das europäische Team jedoch einen bemerkenswerten Kampfgeist, gepaart mit unbändiger Willenskraft und Spiellust. Sie gewannen acht der ersten zwölf Einzelpartien und glichen den Punktestand aus! Martin Kaymer, damals 27 Jahre alt, fand sich in der entscheidenden Partie gegen Steve Stricker wieder. Mit einem Druck, der kaum größer sein konnte, behielt Kaymer die Nerven und demonstrierte seine Leidenschaft für den Sport. Sein Enthusiasmus und seine Entschlossenheit waren spürbar, als er den entscheidenden Putt zum Sieg versenkte. Mit diesem Sieg sicherte er Europa den erforderlichen Punkt, um den Ryder Cup zu gewinnen.

Kaymers Beitrag zum „Wunder von Medinah" ist ein herausragendes Beispiel für die Bedeutung von Enthusiasmus im Sport und generell im Leben. Seine Fähigkeit, unter Druck zu bestehen und entscheidende Punkte für sein Team zu erzielen, zeigt, wie Enthusiasmus und Selbstvertrauen dazu beitragen können, scheinbar unüberwindbare Hindernisse zu überwinden. Können allein reicht eben nicht. Es braucht die passende Haltung und Einstellung.

Frage an dich: In welchen Momenten hast du dich bisher so richtig euphorisch gefühlt und was hat das mit dir gemacht? Warst du vielleicht noch nie euphorisch? – Kein Problem! Das wäre kein Drama. Wir arbeiten zusammen daran, mehr emotionale Energie freisetzen zu können. Wenn du dich schon einmal so richtig wild, stark und freudig gefühlt hast, bei welchen Momenten war das? Waren es Momente großer An- oder Entspannung?

3.1 Enthusiasmus, ein Antrieb der besonderen Art

Ein Antriebssystem ist eine technische Vorrichtung, die dazu dient, mechanische Energie in Bewegung umzuwandeln. Es gibt verschiedene Arten von Antrieben, die

3 Enthusiasmus, die mentale Extraqualität

je nach Anwendungsbereich und Energiequelle variieren können. Ihnen gemein sind allerdings die Notwendigkeit einer Energiequelle und das Ziel, Bewegungen zu ermöglichen. Ein Antrieb treibt wörtlich etwas oder jemanden an.

> **Antrieb = Energie**

Der Mensch in seiner biomechanischen und biochemischen Konstitution benötigt auch Antriebe der verschiedensten Art. Dies erkennt man im Sport beispielsweise daran, dass die Sportlerinnen und Sportler bemüht sind, möglichst intensive Anfangsimpulse ihrer Bewegungen zu generieren. Das berühmte Schwung-Holen ist nur eine Möglichkeit des Antriebs. Für das gesamte Leben braucht es aber nicht nur die physische Bewegung, um von A nach B zu kommen. Hier gilt es, die Antriebe an anderen Stellen zu suchen, zu finden und zu starten. *Der Enthusiasmus ist ein Antrieb der besonderen Art*. Er hängt maßgeblich mit Motivation zusammen. Man kann ihn aber auch so verstehen, dass er der Motivation erst den richtigen Push gibt. Er ist eine Kraft, die uns antreibt. Hinzu kommt seine ansteckende Wirkung! Wer so richtig „dabei ist", der steckt andere an. Er hat in sich selbst ein Feuer und kann es an andere Menschen weiterreichen. Das ist gerade im Teamsport wichtig, wenn es darum geht, jeden zu optimaler Leistung zu motivieren. Trainerinnen und Trainer sind besonders beliebt, wenn sie es verstehen, „Feuer zu entzünden" und nicht nur darauf bedacht sind, Techniken und Taktiken zu vermitteln. Die Grundlage für Superleistungen ist eine anhaltende hohe Motivation. Diese wird durch Enthusiasmus angetrieben (siehe Abb. 3.1).

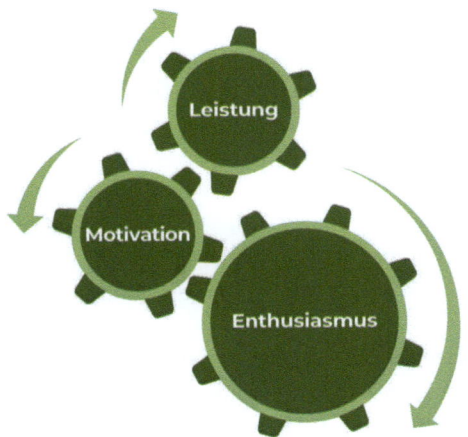

Abb. 3.1 Leistung – Motivation – Enthusiasmus

Enthusiasmus ist und braucht Leidenschaft
Der Enthusiasmus kann vorläufig als Leidenschaft verstanden werden, die uns dazu bringt, uns für eine Sache, eine Idee oder ein Projekt einzusetzen und dabei unsere eigenen (vermeintlichen) Grenzen zu überschreiten. Enthusiasmus kann uns helfen, Hindernisse zu überwinden, neue Fähigkeiten zu erlernen und persönliches Wachstum zu erreichen.

Das Wort „Enthusiasmus" stammt aus dem Griechischen und bedeutet wörtlich „von einem Gott erfüllt sein". In der Antike glaubte man, dass enthusiastische Menschen von einer göttlichen Kraft erfüllt gewesen wären, die sie dazu befähigt hätte, Großartiges zu vollbringen. Heute betrachten wir Enthusiasmus eher als eine innere Energiequelle, die uns ermöglicht, unsere Fähigkeiten und Talente zu nutzen und uns persönlich und beruflich weiterzuentwickeln. Enthusiasmus ist auf keinen Lebensbereich begrenzt. Überall dort, wo wir eine natürliche Freude empfinden, kann Enthusiasmus entstehen. Doch das ist nicht etwa passiv gemeint. Es gibt Strategien und Möglichkeiten, Enthusiasmus zu fördern und aufrechtzuerhalten. Enthusiasmus lässt sich nicht so einfach beschreiben, vielmehr erspüren. Man kann ihn über seine Gegenteile erfahren: Trägheit, Faulheit, Pessimismus.

Wenn diese drei Dinge nicht vorhanden sind, ist der Raum für eine starke Motivation gegeben. Da kommt ein weiterer Begriff ins Spiel:

Begeisterungsfähigkeit – Feuer und Flamme sein
Enthusiasmus hängt mit Begeisterung zusammen, für etwas „Feuer und Flamme" sein. Im Wort „Begeisterung" steckt „Geist". Der Heilige Geist wird im Christentum oft als flammendes Symbol dargestellt. Das Feuer steht darüber hinaus für Hitze, für hohe Aktivität, für Temperament, für Leidenschaft. „Begeistern" heißt, etwas mit „Geist" zu befüllen, einer Sache Leben einzuhauchen, man könnte auch sagen, etwas befeuern oder – und damit sind wir wieder beim Sport – anfeuern. Fans sind ein Paradebeispiel für Enthusiasmus. Sie feuern ihre Sportlerinnen, ihre Sportler oder ihre Teams an. Sie geben von den Rängen aus Gas und treiben so das Spiel voran. Nicht selten sind auch die Sportlerinnen und Sportler auf enthusiastische Fans angewiesen. Das hört man in Interview von Fußballerinnen und Fußballern: Die Fans gehören nicht nur dazu. Ihre Stimmung trägt maßgeblich dazu bei, wie die Teams spielen. Stell dir vor, du wärst eine Fußballerin oder ein Fußballer. Du stehst oder läufst auf dem Platz. Es ist die 40. Minute. Bald ist Halbzeit. Die eigene Mannschaft liegt mit 0:1 hinten. Du bekommst den Ball, die Fans wissen, dass es an dir und an ihnen, also den Fans, liegt. Sie springen auf, sie tröten, sie rufen, sie schreien, sie tanzen, sie tun alles, um anzufeuern. Du schaust in die Menge oder hörst die vielen Rufe und Tröten, und du weißt genau, dass gerade sehr viele Menschen auf dich vertrauen, nicht nur im Stadion, auch zuhause oder in den Fußballkneipen. Du nimmst den Ball an und die Fans sehen ihn schon im gegnerischen Tor. Würde

dich diese Stimmung völlig kalt lassen oder würdest du hoch konzentriert und voller Power nach vorne stürmen, vorbei an der Mittellinie und an der Verteidigung, natürlich ohne Abseits? Und dann … dann kommt dein Abschluss. Ein Traumtor in die oberen rechten Winkel und die Menge jubelt frenetisch. Dann ist Halbzeit und deine Mannschaft geht mit einem geilen Gefühl in die Kabine. Du weißt: Es steht unentschieden, alles ist möglich, die Fans sind da und du hast den Ausgleich geschafft, so kurz vor Schluss der ersten Spielphase.

Enthusiasmus im Überblick

Aus dieser Szenerie lassen sich die *Merkmale des Enthusiasmus* ableiten:

- Positive Energie: Enthusiastische Menschen strahlen oft eine ansteckende, positive Energie aus, die sich auf andere überträgt.
- Leidenschaft: Sie zeigen großes Interesse und Hingabe an eine Sache, ein Projekt oder einer Idee.
- Aktive Beteiligung: Enthusiastische Menschen sind aktiv und engagiert in ihren Aktivitäten, oft bereit, zusätzliche Anstrengungen und Zeit zu investieren.
- Optimismus: Sie neigen dazu, optimistisch zu sein und Herausforderungen als Möglichkeiten zur persönlichen und beruflichen Entwicklung zu sehen.
- Ausdauer: Enthusiastische Menschen zeigen eine hohe Widerstandsfähigkeit und Durchhaltevermögen, auch wenn sie auf Schwierigkeiten stoßen.
- Motivation: Sie sind selbstmotiviert und benötigen oft weniger externe Anreize, um sich für ihre Ziele einzusetzen.
- Kreativität: Enthusiastische Menschen sind oft kreativ und offen für neue Ideen und Ansätze, um ihre Ziele zu erreichen.
- Kommunikation: Enthusiastinnen und Enthusiasten können leidenschaftlich sprechen und andere mit ihrer Begeisterung anstecken.
- Lernfähigkeit: Menschen mit Enthusiasmus lernen schnell und viel. Sie können ihre Kompetenzen rasch anwenden.

3 Enthusiasmus, die mentale Extraqualität 47

Enthusiasmus hängt mit Leidenschaft zusammen, doch gleichzusetzen sind beide nicht. Eine Sportlerin beziehungsweise ein Sportler kann leidenschaftlich bei ihrer beziehungsweise seiner Sportart sein und muss noch lange nicht enthusiastisch sein. Die Leidenschaft braucht es aber, um Enthusiasmus entwickeln zu können, der zu den obigen positiven Wirkungen führt.

Be-GEIST-erung

Enthusiasmus bezieht sich auf eine lebhafte und ansteckende Begeisterung für eine bestimmte Sache. Es ist ein vorübergehender Zustand der Euphorie, der oft durch äußere Einflüsse oder Ereignisse ausgelöst wird. Menschen können begeistert sein, wenn sie beispielsweise von einem neuen Projekt oder einer neuen Idee erfahren. Diese Begeisterung kann sie vorübergehend motivieren und ihnen einen vorübergehenden Energieschub verleihen, aber sie kann auch schnell abklingen, wenn die äußeren Umstände sich ändern oder die anfängliche Aufregung nachlässt. Enthusiasmus ist also oft von zeitlicher Begrenzung und schwankender Intensität geprägt. Leidenschaft hingegen geht tiefer und hat eine stärkere und nachhaltigere Ausprägung. Sie ist eine innere Verbundenheit und Hingabe zu einer bestimmten Aktivität, einem Ziel oder einem Lebensbereich. Im Gegensatz zum Enthusiasmus ist die Leidenschaft von Dauer und widersteht den Herausforderungen und Schwierigkeiten, die auf dem Weg auftreten können. Leidenschaft kommt aus dem Inneren und treibt Menschen dazu an, sich über einen längeren Zeitraum kontinuierlich zu engagieren. Sie ist ein intensives Gefühl der Begeisterung und der emotionalen Verbindung zu dem, was man tut. Leidenschaft ist nicht so leicht zu erschüttern wie Enthusiasmus, da sie auf tieferliegenden Werten, Interessen oder Überzeugungen basiert. Im Doppelpack ergeben Leidenschaft und Enthusiasmus einen wahrhaftigen Powerschub!

3.2 Enthusiasmus gewinnen – Gewinnen mit Enthusiasmus

Da Enthusiasmus zu großen Teilen von äußeren Einflüssen abhängig ist – man denke an die Fankurven in den Fußballstadien – ist es schwer, ihn selbstbestimmt zu aktivieren. Leidenschaft entsteht und entwickelt sich, doch Enthusiasmus muss gesucht werden, z. B. in aufregenden, spannenden und hingebungsvollen Wettkämpfen oder anderen Herausforderungen.

Die Grundregeln
Wenn du die Power des Enthusiasmus für dich nutzen willst, dann schaffe dir die Rahmenbedingungen, in denen er sich zeigen kann:

- Setze dir klare Ziele!
- Feiere Erfolge!
- Reflektiere Misserfolge!
- Finde, was dir Spaß bereitet!
- Entfache Begeisterung bei anderen!
- Umgebe dich mit Menschen, die deine Leidenschaft teilen!
- Lerne!
- Suche Herausforderungen!
- Finde inspirierende Vorbilder!
- Entwickle Eigenständigkeit!

Wenn du diese Hinweise umsetzt, wirst du feststellen, dass sich Enthusiasmus nicht sofort einstellt und er auch nicht erzwungen werden kann. Was steht also im Weg? – Hier bietet es sich an, zwischen inneren und äußeren Hindernissen zu unterscheiden, weil Enthusiasmus zwar eine innere Erfahrung ist, aber gleichwohl von außen zu großen Teilen bestimmt wird.

3 Enthusiasmus, die mentale Extraqualität

Schau nach innen!
Die äußeren Umstände können nicht immer bestimmt werden, die inneren Bedingungen können wir dagegen in Angriff nehmen. Enthusiasmus entsteht als natürliche Entwicklung, wenn die Hindernisse aus dem Weg geräumt worden. Zu diesen gehören beispielsweise:

- Antriebslosigkeit,
- negative soziale Beziehungen,
- Süchte und andere Abhängigkeiten,
- fehlende Veränderungsbereitschaft,
- fehlende Anpassungsfähigkeit,
- Verharren in Komfortzonen,
- Depression,
- Stress oder
- Dramen.

Bestimmte innere Angelegenheiten sollten in Zusammenarbeit mit Expertinnen und Experten angegangen werden. Gerade psychische Probleme oder Krankheiten sollten therapeutisch gelöst werden. Für andere Dinge gibt es Coaches oder auch die Option des autodidaktischen Lernens. Meistens können wir Enthusiasmus gewinnen, wenn wir negative Muster ablegen. Es ist also ein gewisser Umweg, der vonnöten ist, aber wie heißt es so schön: Auf Umwegen lernt man Neues kennen.

Selbstzweifel, Versagensängste, Perfektionismus, Überlastungen, fehlende Klarheit, mangelnde Interessen, fehlende Anerkennung, kaum oder keine Herausforderungen oder auch ein negatives soziales Umfeld bremsen dich aus. Natürlich kannst du nicht auf Kommando Zweifel an dir selbst abschalten oder dein soziales Umfeld verlassen. Du kannst solche Dinge aber wahrnehmen, beobachten und reflektieren. Allein dadurch, dass du deine Aufmerksamkeit verschiebst, konstituierst du dich und schaffst Raum für deine Entwicklung – im wahrsten Sinne: die Ent-Wickelung, du beginnst, dich aus Wickeln zu befreien. Viele Menschen können keinen Enthusiasmus entwickeln, weil sie viel zu sehr damit beschäftigt sind, in den Wickeln, die sie festzurren, nicht unterzugehen. Sie können nicht segeln, weil sie damit beschäftigt sind, ständig Wasser aus dem Boot zu schütten, weil sie das Leck nicht reparieren.

Teufelskreise und andere Baustellen
Oder sie sind wie ein Bauer, dem jeden Morgen seine Kühe durch einen kaputten Zaun davonrennen. Eines Tages kommt sein Nachbar und fragt, warum er denn nicht einfach den Zaun mal reparieren würde. Der Bauer sagt darauf: „Weil ich die Kühe fangen will." Um Enthusiasmus zu ermöglichen, musst du das Zaunloch reparieren. Du musst das Leck im Boot stopfen, um wieder Fahrt aufnehmen zu können. Das klingt einfach. Es ist einfach, aber das heißt noch lange nicht, dass es auch leicht ist.

Hinzu können auch schädigende Wirkungen kommen. Diese treten vor allem dann auf, wenn sich ein Mensch unreflektiert im Enthusiasmus befindet. Übermotivation, Angst vorm Abflauen der positiven Gefühle oder auch der Enthusiasmus als Rauschzustand können erhebliche Probleme mit sich bringen. Wenn eine Sportlerin oder ein Sportler süchtig geworden ist nach Enthusiasmus, dann kann er seine Ziele rasch aus den Augen verlieren. Einem drogenabhängigen Menschen nicht unähnlich wird er alle Hebel in Bewegung setzen, um wieder in diesen Rauschzustand versetzt zu werden. Darunter würde er leiden; und nicht nur er, auch alle, die ihm nahestehen: Familie, Freundeskreis, Trainerinnen und Trainer und das Team. Wenn Enthusiasmus in diese Richtungen ausschert, kann er zu sehr starken Verzerrungen in der Wahrnehmung führen, die dauerhaften Charakter entwickeln können, wenn nicht rechtzeitig interveniert wird.

Wer sich zum Beispiel im Enthusiasmus wähnt, kann dazu neigen, unrealistische Erwartungen aufzubauen und an diesen festzuhalten. Dass dadurch nicht nur die Wahrscheinlichkeit sinkt, Enthusiasmus zu wahren, sondern dass auch Enttäuschungen vorprogrammiert sind, dürfte selbsterklärend sein. Zu hohe Erwartungen oder ein starres Festhalten an Erwartungen erhöhen die Chance auf Enttäuschungen, weil das Leben voller Unwägbarkeiten ist. Wenn Ergebnisse nicht den Vorstellungen entsprechen, wirkt sich das auf die „Großen Drei" aus, auf die Liebe zu einer Sache, auf die Freude an einer Sache und auf das Interesse an einer Sache.

Enthusiasmus als Werkzeug
Wer mit Enthusiasmus gewinnen will, muss ihn dosiert einsetzen und ihm nicht blind folgen. Dies erfordert eine hohe Selbstreflexion. Diese hängt mit Objektivität zusammen. Man muss sich selbst gründlich beobachten können, was nur mit einem gesunden Abstand möglich ist. Zu viel Enthusiasmus kann eine objektive Bewertung von Risiken und Chancen erschweren, was zu schlechten Entscheidungen führen kann. Übermäßiger Enthusiasmus und ständiges „Gasgeben" können zu Erschöpfung und Burnout führen, wenn keine ausreichenden Ruhepausen und Erholungsphasen eingeplant und umgesetzt werden. Betrachte Enthusiasmus daher v. a. strategisch als ein Werkzeug, welches gezielt eingesetzt werden sollte. Tust du dies nicht, kann es auch passieren, dass du nachlässig wirst, dass du also wichtige Lebensbereiche oder Themen einfach nicht mehr sehen kannst. Enthusiasmus sollte nie zu einer einseitigen Fokussierung führen. Hüte dich davor, im wahrsten Sinne übereifrig zu werden!

Damit hängt auch die EIFERsucht zusammen, also die Sucht nach Eifer beziehungsweise die eifrige Sucht. Einseitige Zentrierungen sind niemals gut. Wenn du deinen

Enthusiasmus nicht zügeln kannst, kann es auch passieren, dass du Ressourcen verschwendest. Du würdest dazu neigen, eigene Kapazitäten zu überschätzen. Dadurch würdest du langfristige Ziele und Projekte gefährden. Stell dir vor, wie eine Sportlerin oder ein Sportler in einer Spielzeit von 90 min in den ersten zehn Minuten alles gibt. Die restlichen 80 min würde sie beziehungsweise er auf dem Spielfeld nichts mehr schaffen. Er wäre platt und müsste sich erst erholen, um wieder effizient spielen zu können. Für die Person oder das Team, in welchem sie spielt, kann das weitreichende negative Folgen haben. Noch schlimmer wird es, wenn ein ganzes Team einen ungezügelten Enthusiasmus innehat. Da können dann leicht kritische Stimmen überhört werden. Fehleinschätzungen würden zur Regel werden und auf dem Spielfeld wäre das Team als Ganzes höchst ineffizient, weil es ausgepowert wäre.

Risiken und Nebenwirkungen
Enthusiasmus kann Konflikte provozieren, weil er als Dominanz oder Egozentrik gedeutet werden kann. Das bedingt Spannungen oder offene Konflikte, die die Team- und Individualleistung reduzieren. Solche Störungen hängen mit einer gewissen Sorglosigkeit beziehungsweise mangelnder Vorsicht zusammen. Übermäßiger Enthusiasmus kann nämlich dazu führen, dass notwendige Vorsichtsmaßnahmen oder Sicherheitsaspekte übersehen werden, was zu unerwarteten Problemen führen kann. Wenn dann noch Enthusiasmus auf Hindernisse oder Widerstände stößt, kann dies zu Frustration und Entmutigung führen, wenn die Erwartungen nicht erfüllt werden. Im geschäftlichen oder finanziellen Bereich kann übermäßiger Enthusiasmus dazu führen, dass Anlegerinnen, Anleger oder Unternehmerinnen und Unternehmer zu riskante Entscheidungen treffen und potenzielle Verluste erleiden.

3 Enthusiasmus, die mentale Extraqualität

Wie es aus der Heilkunde bekannt ist, gilt auch hier: Die Dosis macht das Gift. Enthusiasmus ist ein prima Antrieb. Er ist hervorragend, weil er nicht nur prima Gefühle schafft, sondern auch Power weckt, mit der Dinge leichter angegangen werden können. Enthusiastische Menschen sind erfolgreicher als Menschen ohne diesen Antrieb. Es muss aber ein Gleichgewicht gewahrt werden, um nicht zu viel oder zu wenig Enthusiasmus zu entwickeln. Hier sind vier Dimensionen relevant (Abb. 3.2).

Wie schon gezeigt wurde, hängt Enthusiasmus stark von äußeren Faktoren ab. Daher ist es wichtig, eine Balance zu finden zwischen äußeren und inneren Faktoren. Zu den inneren gehören Liebe, Interesse und Freude, also vorrangig die Leidenschaft für eine Sache. Äußere Faktoren sind andere Menschen, bestimmte Situationen wie Wettkämpfe oder Kommunikationsabläufe. „Voll" und „Leer" meint das Verhältnis der inneren und äußeren Anteile zueinander. Hier braucht es die Balance, das „nicht zu viel" und „nicht zu wenig" von etwas, damit sich Enthusiasmus in einer gesunden Bahn entwickeln kann. Solch ein Modell ist graue Theorie. In der Praxis für Sport, Alltag und Wirtschaft sowie andere Lebensbereiche können wir stattdessen auf handfeste Prinzipien setzen, die du sofort nutzen kannst.

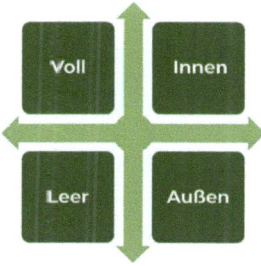

Abb. 3.2 Dimensionen von Enthusiasmus

Wichtige Eigenschaften
Erfolgsträgerinnen und -träger in Sport und Investment zeichnen sich vor allem durch die folgenden Merkmale aus:

- Fokussierung,
- mentale Stärke,
- Konzentration,
- Durchhaltevermögen,
- Beharrlichkeit,
- Ausdauer,
- Flexibilität sowie
- Leidenschaft.

Diese Charaktereigenschaften können gezielt gefordert und gefördert werden. Erfolg im Spitzensport und in der Investmentwelt erfordert ähnliche Eigenschaften und Herangehensweisen. Disziplin ist von entscheidender Bedeutung, denn konsequentes Training und rigorose Anlagestrategien legen den Grundstein für Erfolg in beiden Bereichen. Sowohl Sportlerinnen und Sportler als auch Investorinnen und Investoren profitieren von klaren, messbaren und realistischen Zielen, die ihnen helfen, den Fortschritt zu verfolgen und den Fokus auf das Wesentliche zu richten. Eine weitere wichtige Gemeinsamkeit ist die mentale Stärke. Sowohl Spitzensportlerinnen und -sportler als auch Investorinnen und Investoren müssen in der Lage sein, Rückschläge zu überwinden, Stress abzubauen und konzentriert zu bleiben, um ihre Ziele zu erreichen. Beide Bereiche erfordern auch eine langfristige Perspektive, denn Erfolg kommt selten über Nacht. Sowohl im Sport als auch im Investment ist eine langfristige Strategie und Geduld erforderlich, um nachhaltigen Erfolg zu erzielen. Anpassungsfähigkeit ist eine weitere gemeinsame Eigenschaft. Menschen müssen flexibel sein und sich an veränderte Bedingungen oder Umstände anpassen können. Die Fähigkeit, Risiken abzuwägen und entsprechend zu managen, ist ebenfalls entscheidend. Sowohl im Spitzensport als auch in der Investmentwelt ist ein effektives Risikomanagement unerlässlich, um Erfolg und Nachhaltigkeit zu gewährleisten.

Kontinuierliches Lernen ist ein weiteres Kriterium. Sowohl erfolgreiche Sportlerinnen und Sportler als auch Investorinnen und Investoren sind bestrebt, ständig dazuzulernen und sich weiterzuentwickeln, um ihre Fähigkeiten und Strategien zu verbessern. Teamarbeit spielt ebenfalls eine wichtige Rolle. Sowohl im Sport als auch im geschäftlichen Umfeld sind Zusammenarbeit und effektive Kommunikation entscheidend für den Erfolg. Die Selbstreflexion ist eine weitere gemeinsame Eigenschaft. Regelmäßige Selbstreflexion und -bewertung ermöglichen es, Stärken und Schwächen zu erkennen und gezielt an Verbesserungen zu arbeiten. Schließlich ist die Work-Life-Balance entscheidend. Sowohl für Spitzensportlinnen und -sportler als auch für Investorinnen und Investoren ist es wichtig, ein Gleichgewicht zwischen beruflichen Anforderungen und persönlichen Bedürfnissen zu finden, um langfristig erfolgreich und gesund zu bleiben.

Enthusiasmus spielt eine entscheidende Rolle im Zusammenhang mit den genannten Aspekten von Erfolg im Spitzensport und in der Investmentwelt. Enthusiasmus bezieht sich auf eine leidenschaftliche Begeisterung, Motivation und Energie für das, was man tut. Es ist der Funke, der das Feuer des Engagements entfacht und den Antrieb liefert, kontinuierlich hart zu arbeiten und nach Erfolg zu streben.

Vorwärts blicken!
Die eigene Zielsetzung wird durch Enthusiasmus verstärkt. Wenn man mit Begeisterung an seine Ziele herangeht, wird es einfacher, sich auf diese Ziele zu fokussieren und die erforderlichen Schritte zu unternehmen, um sie zu erreichen.

Abb. 3.3 Eigenschaften für Enthusiasmus

Enthusiasmus steigert die Motivation und den Glauben an die eigenen Fähigkeiten, was wiederum den Fortschritt und den Erfolg vorantreibt. Wenn man von einer starken Begeisterung und Leidenschaft erfüllt ist, ist man besser in der Lage, Rückschläge zu überwinden und sich auf das Positive zu konzentrieren. Enthusiasmus hilft dabei, den Stress abzubauen und den Fokus auf das Wesentliche zu behalten, auch in Zeiten der Herausforderung. Wenn man von Begeisterung und Neugierde angetrieben wird, ist man offener für Veränderungen und bereit, sich an neue Bedingungen oder Umstände anzupassen. Enthusiasmus beflügelt den Wunsch nach kontinuierlichem Lernen und Wachstum, was eine wichtige Eigenschaft für langfristigen Erfolg darstellt. Um diese Attribute und Dynamiken zu nutzen, helfen vier Eigenschaften (Abb. 3.3).

Intelligenz als Anpassungsfähigkeit
Wenn du denkst, dass Flexibilität und die Bereitschaft zur Veränderung gleichzusetzen sind, dann bedenke, dass Flexibilität eine Eigenschaft ist und das Wort Bereitschaft ein Potenzial voraussetzt. Du benötigst beides. Du musst flexibel sein und bereit sein, dich auf Veränderungen einzulassen. Jemand kann durchaus flexibel sein, ohne die Bereitschaft zu haben, Änderungen zu akzeptieren, zumindest grundlegende. Nicht selten sind Menschen in ihren Kon-

ventionen und Denkmustern durchaus flexibel, aber ändern tun sie dadurch nur wenig, denn sie müssen auch bereit sein, sich völlig neuen Dingen zu stellen. Hierfür müssen sie achtsam sein und lernen können und wollen. In der Entwicklungspsychologie wird Intelligenz definiert als die Fähigkeit eines Individuums,

- sich bestmöglich der Umwelt anzupassen oder
- die Umwelt bestmöglich an sich anzupassen.

Wenn du Enthusiasmus produktiv und konstruktiv nutzen willst, um deine Ziele zu erreichen, dann lerne und passe dich an. Das heißt nicht, dass du der Konformität verfallen sollst, sondern dass es viel leichter ist, Ziele zu erreichen, wenn man schnell und effektiv auf Veränderungen reagieren kann. Das schließt ggf. auch die Anpassung der Ziele ein. Hier solltest du auf die SMART-Devise setzen: Definiere spezifische, messbare, erreichbare, relevante und zeitgebundene Ziele, um deinen Fortschritt verfolgen zu können. Selbst wenn du ein Ziel nicht erreichen solltest, was durchaus im Bereich des Möglichen liegt, sollte dies nicht deinen Enthusiasmus schmälern. Und das tut es auch nicht, wenn du nicht alles auf eine Karte setzt. Nutze Techniken wie Meditation, Visualisierung oder Atemübungen, um Stress abzubauen und ihre mentale Belastbarkeit zu erhöhen. Dadurch behältst du auch in Stressmomenten oder Krisensituationen den nötigen Klarblick. Fokussiere dich auf langfristige Ziele und Strategien, statt nur auf kurzfristige Erfolge oder Rückschläge. Damit bleibst du offen für Veränderungen, weil du nicht an einem Momentum des Sieges oder der Niederlage anhaftest, sondern gleich weiterziehen kannst. Nichts wirkt enthusiastischer als eine andauernde Bewegung. Übrigens hängt mit Bewegung auch das Wort „Beweglichkeit" zusammen, womit wir wieder bei der Flexibilität wären.

Meiner Erfahrung nach kannst du mit Enthusiasmus gewinnen und Enthusiasmus gewinnen, wenn du dich mit den folgenden Impulsen näher beschäftigst:

- Achtsamkeitsübungen,
- Meditation,
- Hypnose,
- Emotionscoaching,
- Psychotherapie.

Dies sind nur Beispiele beziehungsweise Möglichkeiten. Es gibt noch viele andere Ansätze, Modelle und Methoden, auf die du zurückgreifen kannst. Experimentiere, forsche, lerne dich und viele spannende Perspektiven kennen! So entwickelst du ganz natürlich Enthusiasmus, Interesse und Hingabe für dich und für die Sachen, die dir wichtig sind.

3.3 Unter Starkstrom: Adrenalin als Power-Zutat

Viele Spitzensportlerinnen und Spitzensportler stehen unter Adrenalin in ihrer Enthusiasmusphase. Vielleicht erinnern Sie sich noch an die Zeiten, in denen Oliver Kahn nicht auf der Bank saß, sondern im Tor stand für Bayern München und den DFB. Er hat viele Elfmeterschüsse halten können. Es gab mal ein Spiel, da ging die Spielzeit bis ins Elfmeterschießen hinein. Kahn hat einen Elfer gehalten. Das hat ihn gepusht. Er hat die Fäuste geballt und seine Gefühle herausgebrüllt. Er hielt noch einen Elfer, die Gefühle wurden noch stärker, und so ging es weiter. Mit jedem Erfolg ging er so richtig ab. Da war natürlich Adrenalin im Spiel.

3 Enthusiasmus, die mentale Extraqualität

Ein wenig Biochemie und menschliches Verhalten
Adrenalin, auch als Epinephrin bekannt, ist ein Hormon und Neurotransmitter. In der Emotionsforschung spielt der Stoff eine zentrale Rolle, weil er in Stresssituationen ausschlaggebend ist. In diesen oder auch bei intensiven Emotionen wie Angst und Gefühlen wie Aufregung oder Wut wird nämlich Adrenalin ausgeschüttet und ist Teil der körpereigenen Kampf-oder-Flucht-Reaktion. Adrenalin beeinflusst dabei verschiedene Körperfunktionen wie Herzfrequenz, Blutdruck, Atmung und Stoffwechsel, um den Körper auf eine schnelle Reaktion oder erhöhte Leistungsfähigkeit vorzubereiten. In der Emotionsforschung wird Adrenalin untersucht, um ein besseres Verständnis für die körperlichen und psychischen Auswirkungen von Emotionen auf den Menschen zu gewinnen und die Zusammenhänge zwischen Emotionen, Stress und körperlichen Reaktionen zu erforschen. In einer akuten Gefahrensituation hat ein Lebewesen dann drei Optionen (Abb. 3.4).

Zur Verdeutlichung gehen wir in die Tierwelt: Ein Hase erfährt, dass er zur Beute gemacht wird von einem anderen Tier. Er kann dann kämpfen (Fight), fliehen (flight) oder sich totstellen (freeze). Auch Menschen kennen diese drei Reaktionsmöglichkeiten, ohne dabei extremer Gefahr ausgesetzt sein zu müssen. So frieren z. B. Prüflinge ein, wenn sie in einer mündlichen Prüfung das Gefühl extremer Überforderung haben. Kommt es zu einer sehr unangenehmen Gesprächssituation mit vielen Emotionen, kann der

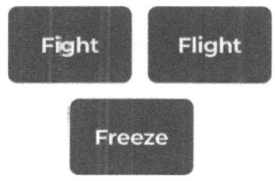

Abb. 3.4 Angst Optionen

Mensch fliehen, oder aber er fühlt sich so sehr angegriffen, dass er kämpft wie ein in die Ecke getriebenes Tier.

Wer schon einmal einen Adrenalinschub erfahren hat, wird wissen, wie kräftezehrend und gleichzeitig belebend dies ist. Klingt der Schub ab, fühlt man sich ausgelaugt und man muss sich erholen. Für die vorherige Situation aber ist Adrenalin entscheidend, um im Stress handlungsfähig zu bleiben. Adrenalin erhöht die Herzfrequenz und den Blutdruck, was eine bessere Durchblutung und Sauerstoffversorgung der Muskulatur ermöglicht. Es steigert die Energiebereitstellung, indem es den Abbau von Glykogen zu Glukose fördert, wodurch den Muskeln mehr Energie zur Verfügung steht. Adrenalin erhöht die Atemfrequenz und sorgt somit für eine verbesserte Sauerstoffaufnahme und -versorgung. All das trägt dazu bei, dass Adrenalin die Schmerztoleranz erhöht und z. B. Sportlerinnen und Sportler dadurch in die Lage versetzt, trotz Schmerzen oder Verletzungen weiterzumachen. Adrenalin verbessert auch die Reaktionszeit und ermöglicht es, schneller auf äußere Reize zu reagieren. Gleichzeitig kann es dazu führen, dass sich Lebewesen stärker auf ihre Leistung konzentrieren und Ablenkungen ausblenden. Adrenalin kann helfen, Angst oder Nervosität in Wettkampfsituationen zu reduzieren und den Fokus auf die bevorstehende Leistung zu richten. Eine kontinuierlich hohe Adrenalinausschüttung kann im Sport zu einem Leistungsplateau oder Erschöpfung führen, wenn der Körper nicht genügend Zeit zur Erholung hat. Deshalb ist es wichtig, Adrenalin wie ein Werkzeug zu verstehen, das in manchen, äußerst spezifischen Situationen, sehr nützlich ist, ansonsten aber im Werkzeugkasten bleiben sollte. Niemand käme auf die Idee, einen Nagel mit einer Wasserrohrzange in die Wand zu schlagen. Und käme man doch auf die Idee, würden Nagel und/oder Werkzeug Schaden nehmen.

3 Enthusiasmus, die mentale Extraqualität

Adrenalin freisetzen

Wenn du vor konkreten Herausforderungen stehst, solltest du dich ganz auf diese konzentrieren, um Adrenalin freisetzen zu können. Denke an Oli Kahn, wie er im Tor stand vor zig Zuschauerinnen und Zuschauern. Es ging um alles und er ließ sich nicht von äußeren Reizen ablenken. Er hatte ein klares Ziel und die Situation war auch äußerst klar. Er entschied sich für „Kampf" und das Adrenalin durchströmte seinen Körper und ermöglichte ihm superschnelle und angemessene Reaktionen auf die Torschüsse der gegnerischen Mannschaft. Manchmal braucht es eben Starkstrom, um das richtige Gerät verwenden zu können. Wenn du dich zu sehr von deinen Zielen ablenken lässt, verpasst du das Zeitfenster, in welchem Adrenalin ausgeschüttet werden kann. Das betrifft nun nicht längerfristige Ziele, sondern die kurzfristigen und situationsgebundenen. Kahn hat in dem Moment im Tor sicher auch nicht an seine Rentenziele gedacht. Er hatte das Ziel vor Augen, die größtmögliche Anzahl an Elfmeterschüssen aufzuhalten. Und dies Torschussversuch um Torschussversuch.

Wenn du vor einer Alles-oder-nichts-Situation stehst, dann mache den Weg frei für Adrenalin. Gönne dir später eine erholsame Pause, nutze aber für die Herausforderung die körpereigenen Ressourcen, die tief in dir schlummern – durch Fokus, durch Leidenschaft, ja fast schon durch Besessenheit, eben durch einen Enthusiasmus, der sich dann auch im Körper zeitigt und dir Starkstrom liefert.

Adrenalin kennenlernen

Du kannst mehrere Möglichkeiten nutzen, dich mit den Wirkungen von Adrenalin unmittelbar zu befassen:

- Extremsportarten: Gehe in die Sportarten wie Fallschirmspringen, Bungee-Jumping, Klettern, Surfen oder Motorsportarten, die ein gewisses Maß an Risiko und Aufregung bieten.

- Abenteuerreisen: Plane Abenteuerreisen, bei denen neue Herausforderungen auf dich warten, wie zum Beispiel Trekking in abgelegenen Gebieten, Wildwasser-Rafting oder Bergsteigen.
- Kampfkünste oder Selbstverteidigungskurse: In allen Kampfsportarten oder Kampfkünsten spielen die Wirkungen von Adrenalin zentrale Rollen. Nutze Kampfkunst und die Möglichkeit, in einer direkten körperlichen Konfrontation mit Stress umzugehen.
- Team- oder Wettkampfsportarten: Engagieren dich in Mannschaftssportarten wie Fußball, Basketball oder Rugby, die Wettbewerbe und die Möglichkeit bieten, deine Grenzen zu überschreiten.
- spannende Hobbies: Hobbys, die dich physisch und mental herausfordern, wie beispielsweise Klettern, Parkour, Mountainbiken oder Surfen, sind auch geeignete Optionen, um Adrenalin kennenzulernen und unter Kontrolle zu nutzen.

Es müssen aber nicht nur regelmäßige Hobbies oder Veranstaltungen sein. Auch einmalige Dinge helfen Ihnen schon. Gehen Sie zum Beispiel auf eine Achterbahnfahrt, mache eine Zipline-Tour oder versuche dich im Indoor-Skydiving, um schnelle Adrenalinstöße zu erleben. Diese Möglichkeiten sind nur Impulse! Frage dich, was du aufregend findest, und gehe dem einfach nach. Vielleicht ist es auch eine Wanderung auf einen sehr hohen Berg, eine Seilbahnfahrt oder Golf. Jeder Mensch reagiert anders.

Weiterführende Literatur

Agassi, A. (2019). *OPEN – Das Selbstporträt*. Droemer Verlag.
Berking, M. (2017). *Training emotionaler Kompetenzen*. Springer.

Besser-Siegmund, C., & Rathschlag, M. (2013). *Mit Freude läuft's besser. Durch Wingwave positive Emotionen fördern und Leistung steigern.* Junfermann Verlag.

Eilert, D., & Langwara, R. (2022). *Die Kraft der Emotionen – Resilient und stressfrei mit Mesource.* Junfernmann Verlag.

Goleman, R. (2022). Die 7 Säulen der EMOTIONALE INTELLIGENZ. 4 BÜCHER IN 1 | Positives Denken: Selbstliebe & Führungskraft. Ausdrucksweise Verbessern: Kognitive Verhaltenstherapie, NLP, Dunkle Psychologie & Manipulation. Independently published.

Hansen, H., Mikoleit, B., Spreckels, C., & Westbrock, S. (2011). *Der Weg zum Sieg – Optimale Leistungssteigerung durch Charaktertraining.* Pietsch Verlag.

Windscheid, L. (2021). *Besser fühlen – Eine Reise zur Gelassenheit.* Rowohlt Verlag.

4

Unangenehme Emotionen klug nutzen

Das Jahr 2023 war für den FC Bayern München extrem turbulent. Erst wurde der viel gepriesene Trainer Nagelsmann ad hoc entlassen, dann folgte Trainer Tuchel. Ganz knapp schlitterte man zum Bundesligasieg und Kahn und Brazzo mussten den FC Bayern verlassen. Man sah die Vereinsziele gefährdet, weshalb sich die Bayern-Bosse gegen Nagelsmann als Trainer entschieden und mitten im Wettkampf einen neuen einführten. Wurden hier unangenehme Emotionen klug genutzt? War es klug, Kahn und Brazzo nach dem Meisterschaftsgewinn zu feuern? Wer verspürte bei Bayern die wohl unangenehmsten Emotionen? Nagelsmann? Tuchel? Kahn? Brazzo? Der Bayern-Präsident Hainer? Was ist mit den Fans? Und was mit den ehemaligen Bayern-Profis? Solche Situationen sind immer ein Hammer und sie stehen exemplarisch für unangenehme Emotionen, denn es kann sich in so einem Durcheinander niemand wirklich wohlfühlen.

Immer früher beginnen als man denkt

Man hätte schon viel früher damit beginnen können, (aufkommende) unangenehme Emotionen sinnvoll, eben klug, zu nutzen, statt sich ihnen weiter nur auszuliefern. In der Story gab es zig Punkte, an denen die breite Öffentlichkeit ohne besondere Fachkenntnis erkennen konnte, dass unangenehme Emotionen nicht nur vorhanden, sondern auch gefördert wurden. Die wichtigsten Etappen waren:

- Unzufriedenheit mit Trainer- und Mannschaftsleistung,
- Ad hoc-Feuerung von Nagelsmann,
- extrem übereilte Anstellung von Tuchel,
- folgende (und damit auch anhaltende) Misserfolge der Mannschaft,
- gerade so die Meisterschaft gewonnen (Schützenhilfe vom BVB),
- Entlassung von Kahn und Brazzo,
- folgende öffentliche Statements verschiedener Couleur.

Man kann dieses Drama als Paradebeispiel für Misserfolg, Frustration, Wut, Enttäuschung, Resignation, Perspektivlosigkeit und Schönrederei sehen. Vom fragwürdigen Umgang mit Menschen und Medien ganz zu schweigen! Gleichzeitig zeigt uns der Werdegang dieser unrühmlichen Geschichte, dass wir viel öfters als wir denken mit unangenehmen Emotionen konfrontiert werden und auch nicht immer bzw. sogar nur selten wirklich mit ihnen konstruktiv umgehen. Wir werden überrannt, übermannt und alles ist ein einziger Selbstläufer – getrieben und gezogen von unangenehmen Emotionen. Um wie viel friedlicher die Welt wohl wäre, würden wir nur lernen, mit unangenehmen Emotionen klug umzugehen? Wie viel mehr Erfolge wären möglich? Wie einfacher wäre es, mit anderen Menschen umzugehen und Beziehungen auf ein ganz anderes Level zu bringen?

4 Unangenehme Emotionen klug nutzen

Klugheit = Effizienz
Durch kluges Handeln sind wir einfach besser, wir sind effizienter und effektiver, einfach weil wir mit vermeintlichen Hindernissen konstruktiv umgehen. Wir lehnen sie nicht ab. Wir verstärken sie nicht. Wir ignorieren sie nicht. Wir bekämpfen sie nicht. Wir nutzen sie genauso so klug wie alles andere auch, mit dem wir umzugehen haben. Doch um genauer zu sehen, worum es geht, ist es wichtig, zunächst einmal zu schauen, was unangenehme Emotionen überhaupt sind.

4.1 Ein-Blick in die Emotionsforschung

In der Emotionsforschung wird der Begriff „unangenehm" verwendet, um ein subjektives Erleben oder eine Reaktion zu beschreiben, die als negativ, störend oder unerwünscht empfunden wird. Grundlegende psychologische Merkmale sind:

Negative Valenz
Unangenehme Emotionen haben in der Regel eine negative Valenz, das heißt, sie werden als unerfreulich oder unerwünscht wahrgenommen. Beispielsweise könnte ein Trainer, der ohne Vorwarnung gefeuert wurde, genau dies als negativ empfinden.

Körperliche Reaktionen
Unangenehme Emotionen können mit bestimmten körperlichen Reaktionen einhergehen, wie zum Beispiel dem Gefühlen der Anspannung, Beschleunigung des Herzschlags, Schwitzen oder Übelkeit. Man bekommt z. B. einen Kloß im Hals, man zittert oder bebt förmlich vor Wut.

Vermeidungsverhalten
Unangenehme Emotionen können dazu führen, dass man bestimmte Situationen, Personen oder Aktivitäten vermeiden möchte, um das unangenehme Gefühl zu reduzieren. Vielleicht hat besagter Trainer nicht weiter reagiert, weil er Diskussionen und negative Emotionen meiden wollte.

Individuelle Unterschiede
Was als unangenehm empfunden wird, kann von Person zu Person variieren. Ein Ereignis oder eine Situation, die eine Person als unangenehm empfindet, kann für eine andere Person möglicherweise neutral oder sogar angenehm sein. Ein anderer Trainer hätte vielleicht gesagt: „Okay, was soll's? Passiert!"

Einfluss auf das Verhalten
Unangenehme Emotionen können das Verhalten beeinflussen, indem sie beispielsweise zu Flucht- oder Kampfreaktionen führen oder die Motivation verringern, eine bestimmte Handlung auszuführen. Man erklärt beispielsweise jemandem den Krieg, oder aber: Man entscheidet sich, unangenehme Emotionen klug zu nutzen.

Kontextabhängigkeit
Die Bewertung einer Emotion als unangenehm kann von verschiedenen Kontextfaktoren abhängen, wie beispielsweise kulturellen Normen, individuellen Erfahrungen oder situativen Bedingungen.

Emotionen sind nicht Gefühle
Darüber hinaus ist es wichtig, die Gleichsetzung von „Emotionen" und „Gefühlen" zu verhindern. Gefühle und Emotionen sind zwar zwei eng miteinander verbundene Konzepte, aber dennoch unterschiedlicher Art im Bereich der menschlichen Erfahrung. Während beide eine Rolle in

unserem emotionalen Erleben spielen, gibt es subtile Unterschiede, die ihre Definitionen und Merkmale voneinander abgrenzen.

Gefühle beziehen sich im Allgemeinen auf bewusste mentale Zustände, die durch eine Bewertung oder Interpretation einer bestimmten Situation oder Erfahrung entstehen. Sie sind subjektiv und individuell erlebt. Gefühle können auf einer Skala von positiv bis negativ variieren und verschiedene Intensitätsgrade aufweisen. Sie sind oft von einer gewissen Dauerhaftigkeit geprägt und können Kontinuität über einen bestimmten Zeitraum hinweg aufrechterhalten. Gefühle sind das bewusste Erleben einer Emotion als Körperempfindung.

Emotionen hingegen sind komplexere Reaktionen auf bestimmte Ereignisse oder Situationen. Sie beinhalten nicht nur die bewusste Erfahrung von Gefühlen, sondern auch eine physiologische und verhaltensbezogene Reaktion. Emotionen werden oft als kurzlebig und intensiver wahrgenommen als Gefühle. Sie sind schneller, impulsiver und können auch eine stärkere motivationale Komponente haben. Emotionen werden in der Regel als Reaktionen auf spezifische Auslöser betrachtet und können eine Vielzahl von Zuständen wie Freude, Angst und Traurigkeit umfassen. Für ein besseres Verständnis:

Unangenehme Gefühle
- Langeweile: Ein unangenehmes Gefühl der Unterforderung und Monotonie, das entsteht, wenn man sich gelangweilt fühlt und nach Stimulation oder Abwechslung sucht.
- Frustration: Ein unangenehmes Gefühl der Enttäuschung und Unzufriedenheit, das entsteht, wenn man auf Hindernisse oder Schwierigkeiten stößt und seine Ziele nicht erreichen kann.

> **Unangenehme Emotionen**
> - Angst: Eine unangenehme Emotion, die durch eine Bedrohung oder ein Gefühl der Unsicherheit ausgelöst wird. Sie kann von leichter Besorgnis bis hin zu intensiver Panik reichen und mit körperlichen Reaktionen wie erhöhtem Herzschlag, Schweißausbrüchen und Atembeschwerden als gefühlsmäßige Ausprägung einhergehen.
> - Ärger: Eine unangenehme Emotion, die auftritt, wenn man sich von einer ungerechten oder unerwünschten Situation oder den Handlungen einer anderen Person herausgefordert oder provoziert fühlt. Ärger kann mit erhöhter Reizbarkeit, Aggressionstendenzen und einem Gefühl der Ungeduld einhergehen.

Die Abb. 4.1 fasst die Unterschiede von Emotionen und Gefühlen im Hinblick auf ihre Definition und Merkmale zusammen.

Auch wenn Emotionen recht kurzweilig sind, prägen sie das gesamte Leben und die alltäglichen Entscheidungen. Das liegt an ihren intensiven Wirkungen und auch daran, dass sie relativ oft auftauchen. So konnten Studien sogar zeigen, dass selbst zufällige Emotionen, die mit der eigentlichen Situation nicht zusammenhängen, unser Verhalten dramatisch steuern: Riecht es zum Beispiel gerade unangenehm und wir ekeln uns deshalb, setzen wir den Verkaufspreis für etwas, das wir in diesem Moment veräußern wollen, unbewusst signifikant

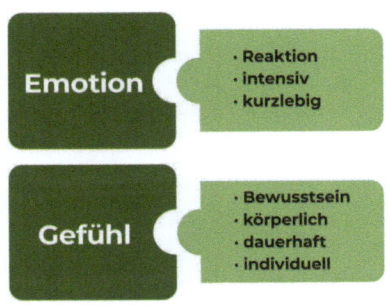

Abb. 4.1 Abgrenzung von Emotionen und Gefühlen

niedriger an. Ebenso urteilen wir moralisch strenger, wenn uns unangenehme Emotionen begegnen. Menschen, die Ärger empfinden, neigen eher zu Risikoverhalten als Menschen, die keinen Ärger verspüren.

4.2 Unangenehme Emotionen und ihre Wirkkreise

In Abhängigkeit von der Art der Emotion ist die Reaktion auf diese nicht immer gleich. Hier hängt es davon ab, wie stark und in welchem Kontext eine Emotion auftritt. In der Übersicht in Abb. 4.2 werden die üblichen unangenehmen

Primäremotion	Trigger	Funktion	Bedürfnis
Angst	Bedrohung des körperlichen oder physischen Wohlbefindens	Bedrohung vermeiden oder erwarteten Schaden reduzieren	Sicherheit
Trauer	Verlust von etwas Wertvollem	Wiederlegen der Ressourcen, Hilferuf	Wertbewahrung
Scham	Bedrohung der sozialen Ich-Identität durch eine akute oder mögliche negative Bewertung	Barriere gegen Regelverstöße, Beschwichtigung	Bescheidenheit
Schuld	Wert-inkongruentes Verhalten, durch das eine andere Person zu Schaden kommt	Barriere gegen Regelverstöße, Beschwichtigung, Motivation zur Schadensbehebung	Authentizität
Ärger	Zielhindernis, Unrecht, Wertverletzung	Zielhindernis beseitigen	Selbstwirksamkeit
Verachtung	Unmoralische Handlung, mangelhafte Leistung	Überlegenheit wahren	Selbstbewusstsein
Ekel	Verunreinigte Dinge, Abstoßung	Beseitigung einer Verunreinigung oder Distanznahme zu dieser	Reinheit

Abb. 4.2 Unangenehme Emotionen im Überblick

Emotionen mit ihren jeweiligen Triggern und Funktionen sowie die jeweiligen Bedürfnisse dargestellt.

Diese Übersicht ist nicht statisch zu verstehen, denn es kann auch zu Berührungen der unangenehmen Emotionen kommen. Ekel kann z. B. mit Verachtung korrelieren. Scham und Schuld gehen nicht selten Hand in Hand. Ein Kind, das aus elterlicher Sicht einen Fehler gemacht hat, kann sich deswegen schuldig fühlen und Scham entwickeln.

4.3 Zum Umgang mit dem Unangenehmen am Beispiel der Angst

Das Gute ist, dass unangenehme Emotionen einen Menschen in der Regel zum Positiven führen, auch wenn es sich in dem Moment schrecklich anfühlen mag. Der Mensch neigt dazu, das Gute zu suchen und das Schlechte zu meiden. Ist er im Schlechten bewegt er sich zum Guten, indem er die Situation zu lösen sucht, die die unangenehmen Emotionen auslöst. So führen diese Emotionen zu Aktivierung und erhöhter Energie. Angst oder Wut können beispielsweise solch eine erhöhte Aktivierung und Energie bereitstellen, die für sportliche Leistungen nützlich sein können. Diese Emotionen können dazu beitragen, dass Sportlerinnen und Sportler sich motiviert fühlen, ihre Leistungsfähigkeit zu steigern und sich intensiver zu engagieren. Unangenehme Emotionen können zudem die Aufmerksamkeit auf wichtige Aspekte lenken und den Fokus auf das Spielgeschehen oder die Bewegungsausführung verstärken. In bestimmten Situationen können sie dazu beitragen, dass Sportlerinnen und Sportler besonders konzentriert und fokussiert sind. Wer sich für seine Leistung schämt und sich in Scham nicht verliert, kann motiviert werden, es besser zu machen. Der Kampfgeist kann angeregt werden. Das heißt nicht, dass man versuchen sollte, mit Absicht unangenehme Emotionen zu wecken. Aber wenn diese da sind, sollte man sie konstruktiv nutzen, sie also als Antrieb gebrauchen.

Umgang mit Negativität ist für Leistung essenziell
Gerade Sportlerinnen und Sportler, die professionell sind, brauchen ein passendes Stressmanagement. Unangenehme Emotionen helfen dabei, mit Stress und Druck bestmöglich umzugehen. Außerdem lernen die Profis auch den konstruktiven Umgang mit unangenehmen Emotionen. Diese richten dann keinen Schaden an, sondern werden konstruktiv genutzt. Schließlich können unangenehme Emotionen wertvolle Lernerfahrungen bereitstellen. Wenn Sportlerinnen und Sportler mit unangenehmen Emotionen wie Frustration oder Enttäuschung konfrontiert sind, können sie daraus wichtige Erkenntnisse über ihre Stärken, Schwächen und Entwicklungspotenziale gewinnen. Diese Erfahrungen können dazu beitragen, dass sie sich weiterentwickeln und ihre sportliche Leistung verbessern. Folgende Lernthemen sind naheliegend:

- Reflexion eigener Reaktionsmuster,
- Fokussierung,
- Leistungsorientierung,
- Stressregulation und
- Emotionsregulation.

Viele unangenehme Emotionen wiederholen sich in bestimmten Mustern. Profisportlerinnen, Profisportler, Investorinnen, Investoren, Managerinnen, Manager oder auch ganz normale Leute haben nicht selten Angst vor unangenehmen Konsequenzen, die mit unangenehmen Emotionen einhergehen und die Angst selbst schon unangenehm ist. Doch auch mit Angst lässt sich konstruktiv umgehen:

> „Der Weg mit Angst umzugehen, besteht darin, auch für Profisportler, sie zu erkennen, zu verstehen und schließlich zu akzeptieren. Erst dann wird es möglich zu schaffen, ‚nicht an das Verlieren zu denken'."

Dieses Zitat stammt von der US-amerikanischen Tennisspielerin Venus Williams, der ehemaligen Nummer 1 der Damen-Tennis-Welt. Und sie beschreibt in dieser Aussage eine ganz entscheidende Funktion der Angst, nämlich die Erkenntnis. Angst muss erkannt werden und dafür ist sie auch da. Erkennt man sie, kann man sie akzeptieren und so den Weg frei machen, statt immer wieder an dieser unangenehmen Emotion hängen zu bleiben.

Der erste Abschlag beim Golf ist immer eine besondere emotionale Herausforderung und löst oft Nervosität oder Angst aus. Hierzu eine kleine Geschichte:

Der erste Abschlag

Es ist der letzte Tag eines großen Ranglisten-Turniers im Golf in Stuttgart Solitude und ich mit meinen 17 Jahren führe das Feld mit Sven Strüver an. Er war damals der beste Amateur Deutschlands. Es ist ein Hochsommertag und meine Abschlagszeit ist erst um 13:00 Uhr. Letzter Flight und die gesamte Elite des deutschen Golfsports sind vor Ort. Auch wird ein kleines TV-Team da sein. Als ich in meiner kleinen Pension aufwache, ist mein Freund David schon weg. Mein Magen zieht sich zusammen und die Gedanken an den ersten Abschlag sorgen für wachsende Unruhe. Dieser Moment vor dem ersten Tee mit den vielen Zuschauern und dem TV-Team lassen meinen Pulsschlag drei Stunden vor dem Abschlag extrem ansteigen. Ich frühstücke ein Müsli und bekomme das Brot schon nicht mehr wirklich runter. Dann

4 Unangenehme Emotionen klug nutzen

> fahre ich mit anderen Golfern zum Platz. Um 11:20 Uhr bin ich vor Ort. Es ist meine Routine immer ca. 1,5 h vor dem ersten Abschlag schon da zu sein und mich warm zu machen und zu akklimatisieren. Ich treffe viele meiner Bekannten und auch befreundete Spieler und mache mich auf dem Weg zur Übungswiese. Nach ein paar kleinen Aufwärmübungen fange ich mit kleinen Bewegungen an und spiele mich ein. Immer wieder gucke ich auf die Uhr und merke, wie die Anspannung immer stärker wird. Das Bild, wie ich auf dem ersten Tee stehe, geht mir ständig durch den Kopf. Ich habe Angst, zu versagen und mich zu blamieren. Der erste Abschlag ist ein schwieriger Schlag. Links ist eine Ausgrenze und es geht stark bergauf. Eine Herausforderung der besonderen Art. Je näher die „Tee-Time" rückt je mehr spüre ich, wie meine Muskeln härter werden und meine Anspannung sich auf den ganzen Körper ausweitet. Gleichzeitig verspüre ich eine enorme Fokussierung und Konzentration. Ich nehme die Menschen um mich herum und die anderen Spieler wie durch eine Kamera wahr. Alles läuft ab wie in einem Film. Dann kommt mein Moment. Ich begrüße die beiden Mitspieler und sortiere ein letztes Mal meine Tasche, wähle den Ball aus, tausche die Scorekarter aus und ein Offizieller des Deutschen Golfverbands verliest schließlich meinen Namen. Ich darf zuerst abschlagen. Mein Puls ist auf 180 und meine Hände sind einfach nur nass und zittern. Hoffentlich merkt das keiner! Endlich ist der Ball auf dem Tee und ich trete zurück und mache ein paar Luftschwünge mit meinem Driver und fokussiere mich auf ein Ziel. Mit dem klaren Zielgedanken stelle ich mich an den Ball und führe den Schlag aus. Es ist ein gelungener Schlag und die Zuschauer klatschen verhalten. Ich fühle Erleichterung und gehe mit einem Lachen vom Tee herunter und stecke meinen Schläger wieder in meine Golftasche. Meine Atmung wird ruhiger. Geschafft!

In diesem Beispiel habe ich viele Gefühlsausprägungen der Emotion Angst angesprochen. Die Golferinnen und Golfer werden das bestimmt sehr gut nachfühlen können. Aber auch für Nicht-Golfer ist es, denke ich, gut zu verstehen, wie sehr dieser erste Moment, der Start in eine Wettkampsituation den Stresspegel nach oben steigen lässt. Die Emotion Angst nimmt dabei eine große Rolle ein.

Was verbindest du mit dem Wort „Angst"? Welche Reaktionen kennst du und hast du selbst schon erlebt? Wovor hast du Angst? Was geschieht oder was tust du, wenn es zu Angst gekommen ist? Was hat dich das Fürchten gelehrt?

Die letzte Frage deutet es schon an: Hier wird nämlich nicht von Angst, sondern von Furcht/fürchten gesprochen.

Angst ist nicht Furcht
In der Emotionsforschung gibt es Unterschiede zwischen den Begriffen „Furcht" und „Angst".

Furcht ist eine Emotion, die in Reaktion auf eine unmittelbare Bedrohung oder Gefahr auftritt. Sie ist oft mit körperlichen Empfindungen wie einem beschleunigten Herzschlag, Schweißausbrüchen und einem Gefühl der Unruhe verbunden. Furcht tritt in der Regel nur für kurze Zeit auf und verschwindet, wenn die Bedrohung abnimmt oder beseitigt wird. Ein Beispiel hierfür ist eine Situation, in der du kurz vor einer möglichen Kollision mit einem Auto erkennst, dass ein Auto auf dich zurast und du noch rechtzeitig wegspringen kannst.

Angst hingegen ist eine Emotion, die länger anhalten und diffuser sein kann. Sie tritt oft in Situationen auf, die nicht unmittelbar bedrohlich sind, aber als potenziell gefährlich oder beängstigend wahrgenommen werden. Angst ist oft mit einer anhaltenden Sorge, einem Gefühl der Unsicherheit und körperlichen Symptomen wie Schwitzen, Muskelverspannungen und Zittern verbunden. Ein Beispiel für Angst wäre die Angst vor einer Niederlage im Wettkampf. Ein weiterer Unterschied zwischen Furcht und Angst ist, dass Furcht oft spezifisch auf eine bestimmte Bedrohung oder Gefahr ausgerichtet ist, während Angst diffuser und allgemeiner sein kann. Zum Beispiel kann Furcht vor einer bestimmten Tierart oder einer bestimmten Gefahr wie einem Brand oder einem Erdbeben auftreten, während Angst allgemein auf bestimmte Situationen oder Ereignisse wie soziale Interaktionen, Veränderungen oder Zukunftsaussichten bezogen sein kann.

Der rechte Umgang mit Angst
Spitzensportlerinnen und Spitzensportler unterscheiden sich weniger dadurch, ob sie Angst haben oder nicht. Sie unterscheiden sich eher in der Art, die Angst auszudrücken und mit ihr umzugehen. Jede Athletin und jeder Athlet hat ihre bzw. seine Angstabwehrstrategien entwickelt, wie sie bzw. er die Angst kanalisiert. Viele Sportlerinnen und Sportler verdrängen ihre Angst, wandeln sie in Aggressionen um, kompensieren sie durch zwanghafte Handlungen oder lenken sich ab, um die Angst nicht wahrzunehmen. Alle diese Strategien sind zwar eine mögliche Form, mit der Angst umzugehen, gehen aber meistens auf Kosten der Konzentration.

Angst ist eine natürliche Reaktion auf Herausforderungen und kann im Sport zu einer bedeutenden Hürde werden. Sowohl Golf als auch Fußball und natürlich alle anderen Sportarten auch erfordern Präzision, Konzentration und Durchhaltevermögen, und Angst kann diese Fähigkeiten beeinträchtigen. Doch viele Sportlerinnen und Sportler haben gelernt, ihre Ängste zu überwinden und mentale Stärke aufzubauen, um in entscheidenden Momenten Bestleistungen zu erbringen. Das ist der Unterschied zu den üblichen Herangehensweisen, bei denen es meistens nur darum geht, vor den möglichen unangenehmen Situationen zu fliehen bzw. diese zu meiden.

Im Golfsport gibt es zahlreiche Beispiele von Spielerinnen und Spielern, die mit ihren Ängsten umgegangen sind und erfolgreich waren. Ein solcher Sportler ist Tiger Woods, der als einer der besten Golfer aller Zeiten gilt. Woods steht oft vor kritischen Schlägen und schwierigen Situationen auf dem Golfplatz. Durch jahrelanges Training und mentales Coaching hat er gelernt, die Nervosität zu akzeptieren und seine Emotionen in positive Energie umzuwandeln. Woods verwendet Visualisierungstechniken, um sich auf den perfekten Schlag zu fokussieren und negative Gedanken zu minimieren. Diese Strategien helfen ihm, sich in schwierigen Momenten zu beruhigen und sein volles Potenzial abzurufen.

Eine weitere Golferin, die den Umgang mit Ängsten meistert, ist Annika Sörenstam. Sörenstam ist für ihre mentalen Fähigkeiten und ihre Fähigkeit bekannt, unter Druck zu glänzen. Sie hat erkannt, dass Entspannungstechniken wie bewusstes Atmen und körperliche Lockerungsübungen ihr helfen, ihre Nervosität zu kontrollieren. Indem sie sich auf den gegenwärtigen Moment konzentriert und sich auf ihre Routine konzentriert, kann sie ihre Ängste beiseiteschieben und ihre Schläge mit Präzision ausführen.

Im Fußball ist Cristiano Ronaldo ein herausragendes Beispiel für einen Sportler, der seine Ängste überwunden hat. Ronaldo hat oft die Verantwortung, wichtige Strafstöße zu verwandeln, die über den Erfolg oder Misserfolg seines Teams entscheiden können. Obwohl der Druck überwältigend sein könnte, hat Ronaldo gelernt, sich mental vorzubereiten und mit Angst umzugehen. Er nutzt positive Selbstgespräche, um sein Selbstvertrauen zu stärken, und visualisiert den erfolgreichen Schuss vor seinem inneren Auge. Durch diese Techniken kann er seine Nervosität in positive Energie umwandeln und unter Druck außergewöhnliche Leistungen erbringen.

Auch im Frauenfußball gibt es beeindruckende Beispiele von Athletinnen, die ihre Ängste bewältigen. Megan Rapinoe, eine Weltmeisterin und Olympia-Goldmedaillengewinnerin, hat gelernt, den Erwartungsdruck zu handhaben. Sie konzentriert sich auf ihre Fähigkeiten und ihr Team, anstatt sich von äußeren Einflüssen beeinflussen zu lassen.

Rapinoe verwendet Techniken wie bewusstes Atmen und positive Selbstgespräche, um ihre Angst zu kontrollieren und in entscheidenden Momnenten bei sich zu sein.

Angst ist etwas Normales
Du siehst: Die Möglichkeiten, mit Angst umzugehen, sind immens. Entscheidend ist, zu wissen, dass man Angst hat und anzuerkennen, dass sie auftaucht. Dann kämpft man nicht gegen sie an. Würde man gegen sie ankämpfen, würde man seinen Fokus von den eigentlich wesentlichen Dingen wegführen. Man beschäftigt sich dann nur noch mit der Angst und wie man sie loswerden könnte. Währenddessen läuft das Spiel aber weiter, oder eben das Leben. Deshalb gilt: Nimm wahr, dass sich Angst aufbaut, hänge ihr aber nicht nach, sondern konzentriere dich auf die Dinge, die genau in dem Moment getan werden müssen. Um deinen Fokus auf diesen Dingen zu belassen oder ihn dort wieder hinzubekommen, helfen diverse mentale Tools wie Visualisierungen oder Selbstgespräche in Form von Affirmationen. Aber auch hier gilt: Verliere dich nicht darin. Es wird dir nur wenig helfen, wenn du ganz und gar in deiner Visualisierung bist und dadurch nicht mehr mitbekommst, was um dich herum geschieht. Deshalb sind neben den Tools auch die individuellen Einstellungen und Werte wichtig.

Einstellungen, die helfen, effizient und effektiv mit Angst umzugehen sind:

- Akzeptanz: Die Akzeptanz der eigenen Ängste als normale Reaktion auf herausfordernde Situationen.
- Gelassenheit: Eine ruhige und gelassene Haltung einnehmen, um die Angst nicht zu verstärken.
- Selbstvertrauen: Das Vertrauen in die eigenen Fähigkeiten und Stärken fördern, um mit Ängsten umzugehen.
- Positives Denken: Eine positive Denkweise entwickeln und negative Gedanken durch positive ersetzen.

- Mut: Mutig sein und sich den Ängsten stellen, anstatt ihnen auszuweichen.
- Flexibilität: Die Fähigkeit entwickeln, sich an Veränderungen anzupassen und mit Unsicherheit umzugehen.
- realistische Erwartungen: Realistische Erwartungen an sich selbst und die Situation haben, um übermäßigen Druck zu vermeiden.
- Selbstreflexion: Sich selbst reflektieren und erkennen, dass Ängste oft auf irrationalen Gedanken basieren.
- Achtsamkeit: Im gegenwärtigen Moment präsent sein und sich auf das Hier und Jetzt konzentrieren.
- Unterstützung suchen: Unterstützung von Freundeskreis, Familie oder professionellen Helferinnen und Helfern suchen, um die Ängste besser zu bewältigen.

Der „Titan" Oliver Kahn soll gesagt haben: „Angst hat für einen Torhüter viele gute Seiten – sofern man die Fähigkeit beherrscht, sich von ihr nicht lähmen zu lassen." Damit fasst er ganz gut zusammen, was oben ausführlich dargestellt wurde. Allerdings würde ich weniger von „Fähigkeit" sprechen, sondern v. a. von „Einstellungen" oder aber wenn es um ein Gesamtkonzept geht, dann von „Kompetenzen", weil dieser Begriff alle Fähigkeiten, Fertigkeiten und Wissensbestände zu einem Thema subsummiert. So könnte man etwa von der Angstbegegnungskompetenz sprechen. Die ist nötig, um in entscheidenden Momenten seinen Weg gehen zu können.

Und die anderen Unannehmlichkeiten?
Neben Angst haben wir es noch mit Trauer, Scham, Schuld, Ärger, Verachtung und Ekel zu tun. Auch hier kann man genauso vorgehen wie bei der Angst:

1. Emotion wahrnehmen und akzeptieren.
2. Fokus immer wieder auf das Wesentliche richten.
3. Zuhilfenahme von mentalen Techniken.

Ein vierter Punkt wäre die Reflexion der unangenehmen Emotionen:

- Wo kommen sie her?
- Mit was verbinde ich sie?
- Welche Auslöser kehren häufig wieder?
- Was habe ich mit diesen zu tun?
- Welche Rolle spielen meine Erwartungen?
- Was habe ich bisher versucht, um mit den unangenehmen Emotionen bestmöglich umzugehen?
- Treiben sie mich womöglich zur Flucht? Will ich fliehen?

4.4 Wertorientierung und neue Perspektiven durch Trauer

Die Reflexionsfragen können auch im Team äußerst hilfreich sein. Trauer versetzt beispielsweise die Spielerinnen und Spieler in einen Tiefstatus und lässt sie sehr schwach fühlen. Im knallharten Profifußball verbergen die Spielerinnen und Spieler und auch die Trainerinnen und Trainer häufig diese Emotion um nicht schwach zu wirken. Das prominenteste Beispiel ist sicherlich der tragische Selbstmord von Robert Enke (Torhüter von Hannover 96). Aber auch Ottmar Hitzfeld gab nach seiner Karriere bekannt, dass er unter starken Depressionen gelitten hätte. In beiden Fällen ist davon auszugehen, dass der Emotion Trauer nicht ausreichend Beachtung geschenkt wurde. Das ist schlimm! Sowohl für den einzelnen Menschen als auch für dessen nahes Umfeld und das Team. Dabei wird gerade im Fußball zumindest symbolisch oder öffentlich viel Wert auf Trauer gelegt. Es werden Schweigeminuten abgehalten oder Trauerflor getragen. Nachrufe auf Fans oder verstorbene Spielerinnen und Spieler, Widmungen oder gar Fan-Bestattungen in Fan-Kleidung sind üblich. Man müsste oder dürfte also annehmen, dass Trauer sehr wohl thematisiert wird. Aber es macht dann doch einen Unterschied, ob jemand eine Schweigeminute abhält als symbolischen Akt oder ob jemand sich wirklich hinsetzt und alleine, mit Teammitgliedern oder Professionellen über Trauer spricht.

Der Grund für Trauer ist oft ein komplexes Gebilde aus mehreren Phänomenen. Ebenso sind die Folgen der Trauer sehr vielseitig. Dies trifft auch auf die anderen unangenehmen Emotionen zu. Die Komplexität ist v. a. bei Scham besonders hoch, weil hier der Mensch Angst hat, seine soziale Ich-Identität zu verlieren. Er befürchtet im Grunde, sich zu blamieren. Entscheidend ist das Verhältnis zwischen sozialer Umwelt und Individuum. Die soziale Umwelt, die geprägt ist von Interaktionen zwischen den Individuen, legt über Rollen und Funktionen maßgeblich die Ich-Identität eines Menschen fest. Was die Umwelt gewähren kann, kann sie auch entziehen. Dadurch ist das Individuum im bestimmten Maße abhängig von der sozialen Umwelt. Es hat zwei Herausforderungen:

- Es möchte von der sozialen Umwelt akzeptiert und anerkannt werden (und fürchtet den Verlust dieser Anerkennung).
- Es möchte vor sich selbst anerkannt sein.

4.5 Scham als treibende Kraft für Demut und Selbstverbesserung – wieder echt sein mit Schuld

Vielleicht erinnerst du dich an deine Schulzeit, in der Scham-Momente nicht selten sind. Wenn Schülerinnen und Schüler vor der gesamten Klasse alleine Lieder singen müssen, ist das oftmals mit Scham besetzt. Genauso können bestimmte Unterrichtsthemen Scham auslösen. Die Kinder oder Jugendlichen fürchten, negativ aufzufallen. Man kann sich als Mensch aber auch für Taten, Gefühle oder Gedanken schämen, wenn man weiß, dass diese sozial nicht akzeptiert sind. Ein Beispiel hierfür sind Mütter, die sich zwar um ihren Säugling kümmern, innerlich aber eine Ablehnung gegenüber dem Kind zeigen. Für dieses Gefühl, welches ja eigentlich nicht da sein dürfte, schämen sie sich. Die soziale Umwelt wirkt unmittelbar in diese Mütter hinein. Sie müssen also über ihr Innenleben noch nicht einmal mit jemand anderem sprechen. Sie schämen sich einfach ob dieser Gefühlslage.

Im Profisport und im Kontakt mit der Öffentlichkeit ist Scham meistens gegeben, wenn die Sportlerinnen und Sportler unter Druck gesetzt werden und das Gefühl haben, sich rechtfertigen zu müssen – für Leistungen oder gar das Privatleben. Hilfreich, um mit Scham angemessen umgehen zu können, ist Bescheidenheit. Ein Mensch, der bescheiden ist, hat zwar auch eine soziale Ich-Identität, muss sich aber nicht so sehr mit dieser identifizieren. Er kann loslassen und daher auch adäquat interagieren. Bescheidene Menschen schätzen ihren Selbstwert entspannter ein als jene, die sich stark über ihr Ego ausmachen. Bescheidenheit kann erlernt werden bzw. sie kann erkannt werden, denn wenn ein Mensch einmal erfahren hat, dass er nicht der Nabel der Welt ist, reduziert sich das Bemühen um Anerkennung ganz automatisch.

Scham und Schuld hängen zusammen, was sich bei kleinen Kindern zeigt. Sie fühlen sich schuldig, weil sie etwas getan haben, was die Eltern verboten haben. Aus dieser Schuld heraus, weil sie wissen, dass es falsch war, kann sich Scham entwickeln. Sie können sich schämen, weil sie sich selbst betrachten und ihre (vermeintlichen) Fehler sehen. Sie können sich zugleich auch vor den Eltern schämen, weil diese entsprechend reagieren, so etwa mit Enttäuschung, Frustration oder Vorwürfen. Im Sport wie im Management sieht das Ganze nicht viel anders aus. Wir haben von Kindesbeinen an gelernt, uns zu schämen, auch wenn es hierfür nicht immer einen Grund gibt. Dies geht auf den Wunsch der Zugehörigkeit zu einer Gruppe zurück. Wenn ein Verhalten sozial nicht erwünscht ist und man zeigt es, dann fürchtet man, wenn man zur Gruppe gehören will, die Konsequenz, von der Gruppe degradiert oder verstoßen zu werden. Das bremst natürlich die individuelle Entwicklung. Es bremst Leistung, Motivation und die Entfaltung von Werten. Kein Mensch sollte sich schämen, wenn er das tut, wohinter er zu 100 % steht. Scham wäre dann nur die Folge der Relation zu einem anderen Menschen oder zu einer Gruppe.

- Wobei schämst du dich?
- Wie gehst du mit Scham um?
- Hast du dich als Kind oft geschämt?
- Wie haben deine Eltern und Lehrerinnen und Lehrer reagiert, wenn dein Verhalten nicht so war, wie sie es sich vorgestellt haben?
- Neigst du vielleicht dazu, anderen Menschen Schuld- oder Schamgefühle zu vermitteln?
- Findest du Bescheidenheit gut oder willst du eher jemand sein, der Aufmerksamkeit auf sich zieht?

> Übrigens: Das Wort „Bescheidenheit" stammt vom mittelhochdeutschen Begriff „bescheiden" ab, der seinerseits aus dem althochdeutschen Wort „bisceidan" entstanden ist. Das althochdeutsche Verb „bisceidan" setzt sich aus den Wortbestandteilen „bi" (bei) und „sceidan" (scheiden, trennen) zusammen. Ursprünglich bedeutete „bisceidan" „sich absondern" oder „sich zurückziehen". Heute gilt Bescheidenheit als Tugend oder Charaktereigenschaft, die eine Person dazu befähigt, sich selbst zurückzunehmen, auf materielle Dinge zu verzichten und nicht übermäßig stolz oder selbstgefällig zu sein. Das Wort beinhaltet eine gewisse Zurückhaltung, Bescheidenheit im Auftreten und die Fähigkeit, sich auf andere Menschen und ihre Bedürfnisse zu konzentrieren.

4.6 Ärger als Triebfeder für Selbstwirksamkeit und Handlungskompetenz

Normalerweise wird Bescheidenheit nicht direkt mit Ärger in Verbindung gebracht. Im Gegenteil, Bescheidenheit wird oft als positive Eigenschaft angesehen, die mit Demut, Zurückhaltung und einem unaufdringlichen Auftreten verbunden ist. Ärger hingegen bezieht sich auf einen emotionalen Zustand des Unmuts, der Frustration oder der Wut. Es gibt jedoch Situationen, in denen Bescheidenheit mit Ärger in Beziehung stehen kann, wenn bestimmte Bedingungen erfüllt sind. Zum Beispiel kann es sein, dass eine bescheidene Person wiederholt und konsequent übersehen oder nicht angemessen anerkannt wird, während andere, die weniger bescheiden auftreten, bevorzugt werden. In solchen Fällen kann sich Frustration oder Ärger bei der (vermeintlich?) bescheidenen Person aufbauen, da sie das Gefühl haben könnte, dass ihre Bescheidenheit und Zurückhaltung sie benachteiligen.

Erwartungen als ein Ursprung von Ärger
Ärger hängt meistens mit enttäuschten Erwartungen zusammen. Menschen ärgern sich, wenn sie ihre Ziele nicht erreichen, wenn sie von anderen nicht so behandelt werden, wie sie es wollen, ja, wenn Menschen einfach anders handeln, als erwartet. Sie ärgern sich bei Verlust, bei Unrecht oder bei einer Verletzung von Werten, die sie für relevant halten.

Darüber hinaus hängt Ärger auch mit dem (unerfüllten) Bedürfnis nach Selbstwirksamkeit zusammen. Selbstwirksamkeit bezieht sich auf den Glauben einer Person, dass sie in der Lage ist, bestimmte Aufgaben zu bewältigen, Ziele zu erreichen und Einfluss auf ihr eigenes Leben auszuüben. Es ist ein grundlegendes psychologisches Bedürfnis, das mit einem Gefühl der Kontrolle und Autonomie verbunden ist. Wenn eine Person das Bedürfnis nach Selbstwirksamkeit hat, aber wiederholt das Gefühl erlebt, dass sie nicht in der Lage sei, ihre Ziele zu erreichen oder die gewünschten Ergebnisse zu erzielen, kann dies zu Frustration und Ärger führen. Die folgenden Faktoren können dazu beitragen:

Hindernisse und Misserfolge
Wenn eine Person wiederholt auf Hindernisse stößt oder Misserfolge erlebt, kann dies ihr Gefühl der Selbstwirksamkeit untergraben. Der Mangel an Fortschritt oder das wiederholte Scheitern können Frustration hervorrufen und zu Ärger führen.

Mangelnde Kontrolle
Wenn eine Person das Gefühl hat, dass sie keine Kontrolle über ihre Situation hat und externe Umstände ihre Handlungen oder Ergebnisse bestimmen, kann dies das Bedürfnis nach Selbstwirksamkeit beeinträchtigen und Ärger hervorrufen. Das Gefühl, machtlos zu sein, kann frustrierend sein und Wut auslösen.

Unfaire Behandlung
Wenn eine Person das Gefühl hat, dass sie ungerecht behandelt wird, dass ihre Bemühungen nicht angemessen gewürdigt oder belohnt werden, kann dies das Bedürfnis nach Selbstwirksamkeit beeinträchtigen und zu Ärger führen. Das Gefühl der Ungerechtigkeit kann als ungerechtfertigt und demotivierend wahrgenommen werden.

Ärger darf natürlich sein
Ärger ist und bleibt eine natürliche Reaktion auf unerfüllte Bedürfnisse. Er sollte jedoch konstruktive, statt destruktive

4 Unangenehme Emotionen klug nutzen

Ausdrucksformen annehmen. Ärger kann Energie freisetzen. Es wäre schade, diese für die Zerstörung des Alten zu nutzen, statt für den Aufbau von etwas Neuem. Eine angemessene Bewältigung von Ärger beinhaltet oft die Identifizierung der zugrunde liegenden Bedürfnisse und das Streben nach Lösungen oder Strategien, um diese Bedürfnisse zu erfüllen. Dies kann bedeuten, nach neuen Ansätzen zu suchen, Hindernisse zu überwinden oder Unterstützung zu suchen, um die Selbstwirksamkeit zu stärken und Ärger zu reduzieren. Hierzu eine Anekdote aus dem Profi-Tennis:

> **Ärger konstruktiv nutzen**
>
> Der Tennisspieler Andy Murray stand 2013 in den Wimbledon-Finals. In diesem Match spielte er gegen Novak Djokovic, einen der besten Tennisspieler der Welt. Im Verlauf des Matches wurde Murray zunehmend frustriert und ärgerte sich über verpasste Chancen und ungenaue Schläge. Anstatt jedoch den Ärger negativ auszuleben oder sich entmutigen zu lassen, kanalisierte Murray seine Emotionen auf konstruktive Weise.
>
> Der Ärger und die Frustration dienten Murray als Ansporn, noch intensiver zu spielen und seine Konzentration zu erhöhen. Er nutzte den Ärger, um sich selbst anzutreiben und sich noch mehr anzustrengen. Statt sich von den negativen Emotionen überwältigen zu lassen, wurde er energiegeladen und fokussiert. Murray schaffte es, seine Emotionen unter Kontrolle zu halten und seinen Ärger in positive Energie umzuwandeln. Er erhöhte sein Tempo, seine Schlagkraft und Präzision. Sein konstruktiver Umgang mit dem Ärger half ihm, seine Leistung zu steigern und den Matchverlauf zu seinen Gunsten zu beeinflussen.
>
> Am Ende gewann Murray das Match und damit seinen ersten Wimbledon-Titel. Sein konstruktiver Umgang mit dem Ärger war ein entscheidender Faktor für diesen Erfolg.
>
> Das Beispiel zeigt, wie die richtige Kanalisierung von Emotionen, einschließlich Ärger, dazu beitragen kann, die Leistungsfähigkeit zu steigern und Höchstleistungen zu ermöglichen.

4.7 Ekel als Beschützer der körperlichen Unversehrtheit

Die beiden bisher noch unberücksichtigten Emotionen Verachtung und Ekel können genau wie Ärger konstruktiv genutzt werden. Dies ist aber deutlich schwerer zu erreichen, weil die „Energie" der beiden v. a. Abstoßung ist. Beim Ärger kann man sozusagen anpacken, bei Ekel springt man weg und bei Verachtung hält man in der Regel eine große Distanz, um mit dem Finger auf das zu verachtende Objekt zeigen zu können. Verachtung und Ekel haben vier zentrale gemeinsame Eigenschaften:

Abneigung gegenüber etwas
Sowohl Verachtung als auch Ekel beinhalten eine starke Abneigung oder Ablehnung gegenüber einer Person, einer Situation oder einem Objekt. Es handelt sich um unangenehme Emotionen, die aufgrund des Gefühls von Unangemessenheit oder Missbilligung entstehen können.

Empfindung von Unreinheit oder moralischer Verfehlung
Ekel und Verachtung können durch das Gefühl der moralischen Verfehlung oder der Unreinheit ausgelöst werden. Sie können darauf hinweisen, dass eine Person oder eine Situation als moralisch verwerflich, abstoßend oder widerlich wahrgenommen wird.

Körperliche Reaktionen
Sowohl Verachtung als auch Ekel können körperliche Reaktionen hervorrufen. Dies können beispielsweise Übelkeit, ein Gefühl des Ekels im Magen, eine Veränderung der Gesichtsmuskulatur oder eine körperliche Abwehrreaktion wie das Zurückweichen oder Sich-Distanzieren umfassen.

4 Unangenehme Emotionen klug nutzen

Soziale Dimensionalität
Verachtung und Ekel haben oft eine soziale Komponente. Sie können in Bezug auf das Verhalten oder die Eigenschaften einer anderen Person auftreten und können auch mit einem Gefühl der Überlegenheit oder Distanzierung von der verachteten oder ekelhaften Person verbunden sein. Hierzu wieder ein Beispiel aus der Sportwelt:

Eine unsportliche Aktion

Wie Verachtung oder Ekel negative Auswirkungen im Profisport haben können, zeigt uns dieses Mal der Fußballspieler Zinedine Zidane während des WM-Finales 2006:

In diesem entscheidenden Spiel zwischen Frankreich und Italien wurde Zidane wegen eines verbalen Zusammenstoßes mit dem italienischen Spieler Marco Materazzi vom Platz gestellt. Später wurde bekannt, dass Zidane Materazzi verachtet und beleidigt hatte, nachdem dieser ihn anscheinend provoziert hatte.

Die Verachtung, die Zidane gegenüber Materazzi empfand, führte zu einem Kontrollverlust seiner Emotionen und zu einer unsportlichen Handlung, die sein Team benachteiligte. Seine Aktion hatte direkte negative Auswirkungen auf das Spiel, da Frankreich in Unterzahl weiterspielen musste und letztendlich das Spiel verlor. Zidanes Verachtung und die daraus resultierende unsportliche Aktion waren nicht nur für ihn selbst schädlich, sondern auch für das Ansehen des Spiels und des Fußballs im Allgemeinen.

Das Beispiel zeigt, wie Emotionen, wenn sie nicht angemessen kontrolliert und kanalisiert werden, zu unangemessenem Verhalten und negativen Konsequenzen führen können. Es verdeutlicht auch, wie Verachtung im Profisport dazu führen kann, dass ein Spieler seine Selbstbeherrschung verliert und unsportlich handelt. Es unterstreicht die Bedeutung von Respekt, Fairness und der Fähigkeit, Emotionen konstruktiv zu bewältigen, um eine positive sportliche Umgebung zu schaffen.

Hilfreich für ein weiterführendes Verständnis ist mit Sicherheit ein positives Beispiel: Ein solches ist die Geschichte von Cristiano Ronaldo, einem weltbekannten Fußballspieler. Während seiner Karriere wurde Ronaldo oft von gegnerischen Fans verachtet und ausgebuht. Dieses Verhalten könnte bei vielen Sportlerinnen und Sportlern unangenehme Emotionen wie Wut, Frustration oder Verbitterung hervorrufen. Ronaldo hat jedoch bewiesen, dass er in der Lage ist, diese Verachtung positiv zu nutzen. Anstatt sich von den negativen Reaktionen beeinflussen zu lassen, hat er sie als zusätzlichen Ansporn verwendet, um seine Leistung zu steigern und sich auf dem Spielfeld zu beweisen. Die Verachtung hat ihn motiviert, härter zu trainieren, seine Fähigkeiten zu verbessern und seine Karriereziele zu verfolgen. Ronaldo zeigte, dass er über eine außergewöhnliche mentale Stärke verfügt und in der Lage ist, unangenehme Emotionen in positive Energie umzuwandeln. Anstatt sich von Verachtung entmutigen zu lassen, hat er seinen Fokus auf das Spiel und seine eigene Leistung gerichtet. Dadurch konnte er herausragende sportliche Erfolge erzielen und sich als einer der besten Fußballspieler der Welt etablieren.

Es ist also immer hilfreich, Emotionen, auch die unangenehmen, beim Wort zu nehmen und „Motion", also Bewegung zuzulassen und selbst zu initiieren. Nutze die unangenehmen Emotionen als Antrieb für Entscheidungen und Verhalten, die dich deinen Zielen näherkommen lassen. Das ist einfach, aber das heißt noch lange nicht, dass es auch immer leicht ist.

„Die Spinne muss weg!"
Stell dir vor, du ekelst dich vor Spinnen und in einem sehr kleinen Badezimmer sitzt eines dieser Tiere in riesiger Dimensionalität. Du musst oder willst aber unbedingt auf die Toilette. Das ist dein Ziel. Der Ekel stößt dich aber so-

fort ab. Du traust dir noch nicht einmal einen Schritt ins Badezimmer. Du schmeißt die Tür zu und hast nur noch diese Spinne vor Augen. Die Blase drückt immer mehr. Du überlegst Alternativen: die Toilette im Bahnhof, jene im Fast Food-Restaurant? Aber dann weißt du natürlich auch: Irgendwann musst du mal wieder ins Badezimmer. Bei dem Gedanken schüttelt es dich. Die Spinne muss weg. Der Ekel hält dich davon ab, es selbst in Angriff zu nehmen. Was ist zu tun? Du denkst ans Töten. Dabei verachtest du dich. Die arme Spinne. Sie kann ja nix dafür. Am besten wären Einfangen und Aussetzen. Viele Möglichkeiten bleiben nicht:

- Du kannst hoffen, dass die Spinne von sich geht – irgendwann, irgendwohin.
- Du kannst sie mit Glas und Pappe fangen und woanders hinbringen.
- Du kannst jemanden bitten, die Spinne zu fangen und auszusetzen.

Es ist wichtig, dass du eine Lösung wählst, mit der du dich wohl fühlst und die sowohl die Spinne als auch deine eigenen Bedürfnisse berücksichtigt. Das Ziel ist es, den Ekel in eine konstruktive Handlung umzuwandeln, anstatt Gewalt oder Schaden an der Spinne anzurichten. Indem du dich der Herausforderung stellst und eine für alle Beteiligten positive Lösung findest, kannst du deine Ängste überwinden und dein Ziel erreichen.

Weiterführende Literatur

Barnow, S. (Hrsg.). (2020). *Handbuch Emotionsregulation. Zwischen psychischer Gesundheit und Psychopathologie*. Springer.

Barnow, S., Reinelt, E., & Sauer, C. (2016). Emotionsregulation. In *Manual und Materialien für Trainer und Therapeuten*. Springer.

Berking, M. (2017). *Training emotionaler Kompetenzen*. Springer.

Eilert, D. (2021). *Integratives Emotionscoaching mit emTrace*. Junfermann Verlag.

Ekman, P. (2017). *Gefühle lesen – Wie Sie Emotionen erkennen und richtig interpretieren*. Springer.

Goleman, D. (2003). *Dialog mit dem Dalai Lama – Wie wir destruktive Emotionen überwinden können*. Hanser Verlag.

Spreckels, C. (2022). *Kopfsache Fußball – Wie das Spiel mental entschieden wird*. Edel Verlagsgruppe.

Wassmann, C. (2010). *Die Macht der Emotionen. Wie Gefühle unser Denken und Handeln beeinflussen*. Primus.

5

Gefühle bewusst leben

> *„Wenn du leidest, ist es wegen dir. Wenn du fröhlich bist, ist es wegen dir. Wenn du dich glücklich fühlst, ist es wegen dir. Niemand ist dafür verantwortlich, wie du dich fühlst, nur du, du alleine." (Osho)*

„Wenn du leidest, ist es [deinetwegen]." – Dies klingt durchaus gewagt oder gar vorwurfsvoll, vielleicht auch respekt- oder achtlos. Stell dir vor, du hast eine schlimme Krankheit und leidest unter ihr nicht nur körperlich, sondern auch emotional. Wenn dann jemand daherkäme und dir dann sagen würde, du würdest deinetwegen leiden, dann ist es nur nachvollziehbar, wenn du diesen Menschen abweisen würdest. In Zeiten schwerer Krisen auch noch hören zu müssen, man sei ja selbst verantwortlich oder gar schuld, ist nicht immer angebracht. Es gibt sicher Menschen, die solchen Aussagen nachgehen und eine gewisse Fährte aufnehmen, es gibt aber auch genug, die dann abblocken würden, weil sie eben mit ihrem Leid beschäftigt sind. Das Leid hält sie gefangen. Der Spruch ist also erstmal nicht praxistauglich. Vielmehr klingt er wie eine Anschuldigung: „deinetwegen"!

Schauen wir uns das näher an!

5.1 Gefühle als Teile der Vergangenheit

Wie entstehen in der Regel Gefühle oder Emotionen? Meistens sind wir damit beschäftigt, unseren Gedanken zu folgen und uns in unsere Gefühle und Emotionen hineinzusteigern, sprich: sich mit diesen zu identifizieren. Doch wie entstehen sie? Wir nehmen als Beispiel eine körperliche Reaktion: Schmerz. Wie entsteht dieser? Du schneidest dich beispielsweise mit einem Messer. Darauf folgt die Reaktion des Schmerzes. Hast du dir diesen Schmerz selbst ausgesucht? Du könntest allenfalls argumentieren mit: „Ja, weil ich entschieden habe, mich selbst zu schneiden." Dass dem nicht so ist und niemals sein kann, werden wir gleich sehen, denn gehen wir zurück zum Schmerz: Hast du ihn dir ausgesucht? Ich meine nur den Schmerz, nicht dessen Auslöser. Hast du die Intensität des Schmerzes gewählt? Seinen Umfang? Den Grad seiner Ausbreitung und zeitlichen Dauer? – Vermutlich nicht!

Reiz – Reaktion, der ewige Kreislauf
Es verläuft ohne uns in einer Reiz-Reaktions-Kette: Erst kommt das Ereignis, z. B. der Messerschnitt, danach erst wird die Reaktion in Gefühlsauslegungen gebracht. Der Schmerz ist sozusagen das dritte Glied in der Kette. Wir haben:

1. Schnitt,
2. körperliche Reaktion und
3. Interpretation dieser Reaktion als Schmerz.

5 Gefühle bewusst leben

Dies verrät aber noch etwas anderes: Mit Gefühlen (und Gedanken) können wir nichts ändern, weil sie immer nur auf vergangene Ereignisse bezogen sind, mögen sie noch so jung sein. Geschehenes muss erkannt, registriert, verwaltet und gedeutet werden. Wenn etwas geschehen ist, ist es per definitionem vorbei. Das heißt, es ist abgeschlossen und unveränderbar. Fühlst du den Schmerz, hinkst du sozusagen der Wirklichkeit hinterher und bist noch mit dem Schnitt beschäftigt, der aber selbst schon abgeschlossen ist. Mit dem Schmerz und anderen Gefühlen und Emotionen gewinnst du immer nur Aufschluss über Vergangenes. Vergangenheit bedeutet nun aber eben auch Wirkungslosigkeit, weil du sie nicht ändern kannst. Du kannst allenfalls deine Schlüsse aus ihr ziehen. Aber auch da hinkst du hinterher, denn es muss erst etwas geschehen, damit du deine Schlüsse ziehen kannst.

Das ist nur die halbe Wahrheit! Nicht „etwas muss geschehen", etwas muss wahrgenommen werden. Auf diese Weise ist es präziser, denn ob etwas geschieht oder nicht, erfahren wir nur über die Wahrnehmung. Und noch genauer: Eigentlich erfahren wir über dieses „etwas" nichts, sondern nur, dass wir etwas wahrnehmen. Das Ganze könnte wie in Abb. 5.1 gezeichnet werden.

Abb. 5.1 Stufen der Wahrnehmung

Wahrnehmen heißt: „Mit den Augen verfolgen"

In der ersten Ordnung beziehen wir uns auf etwas Äußeres bzw. auf etwas, das von außen auf uns zukommt. Das kann der Messerschnitt sein. Es kann ein Gespräch mit dem Chef sein. Es kann das nächste große Turnier sein. Es kann der Unfall eines Teammitglieds sein, die Frühstücksnachrichten, das Wetter und so weiter und so fort. Diese Dinge sind aber nicht wirklich außerhalb von uns. Allein durch die Benennungen machen wir sie zu etwas von uns. Das Wetter ist also bereits eine Interpretation. Der Kategorisierung folgt unmittelbar eine gefühlorientierte Assoziation. Die ist erfahrungsgebunden, also wird hier auch wieder auf die Vergangenheit abgestellt. Manche finden Regen toll, für andere ist er Mistwetter. Kommt auch darauf an, was man am Tag so geplant hat: Will man draußen trainieren und es regnet stark, ist das für viele abstoßend. Damit wäre man schon in der Wahrnehmung zweiter Ordnung. Dass man all dies wahrnehmen kann, führt zur Wahrnehmung dritter Ordnung.

Um später mit Gefühlen arbeiten zu können, ist es wichtig, diese dritte Ordnung der Wahrnehmung mehr in den Blick zu nehmen. Viele bleiben bei der ersten oder zweiten Ordnung stehen. Wenn es regnet, sehen sie, dass es regnet, und vielleicht assoziieren sie dann auch ein Gefühl oder eine Emotion. Der Kniff ist, einen Schritt weiterzugehen und sich weniger um diese abspulbaren Programme zu kümmern und stattdessen diese zu beobachten. Damit kommen wir zu einem letzten notwendigen Hinweis: Wer wahrnimmt, beobachtet immer nur. Er tut also nichts und bewirkt nichts. Nur kann der Mensch erstmal nicht anders, als über den Umweg der Wahrnehmung Handlungskonsequenzen abzuleiten. Das macht einen natürlich äußerst unfrei. Man ist abhängig von:

- äußeren Reizen,
- inneren Reaktionen,

- Prägungen und Konditionierungen,
- (sozialer) Umwelt und
- Kausalitätsdenken (Ursache – Wirkung).

Konstruktiv lernen
Wenn du nun in deinem Leben unfrei bist, wirst du dich fragen, was du tun könntest, um zu entkommen. Etwas kritischer könntest du auch sagen: Wenn ich lerne, anders mit Gefühlen und Emotionen umzugehen, dann ist das doch nur ein Programm mehr, das ich abspulen kann. Ja, aber es ist auch eine Veränderung deiner Achtsamkeit bzw. deines Bewusstseins. Wenn du lernst, Gefühle bewusst zu leben, wirst du merken, dass du deutlich mehr Möglichkeiten nutzen kannst, als dir bisher klar war. Du wirst souveräner, stärker und ungebundener. Alte Muster kannst du aufbrechen und Gefühlsvalenzen deutlich verstärken.

Du kannst nur sehen bzw. wahrnehmen, was geschehen ist. Ergo: Du erkennst immer nur das, was vorbei ist. Warum daran also festhalten? Viele Menschen gehen davon aus, wenn sie etwas fühlen, dass dies im Hier und Jetzt sein würde. Sie identifizieren sich dann mit dem Gefühl und sagen z. B. „Ich bin wütend."

5.2 Identitätskrisen mit Gefühlen? – Das Ballgefühl als Möglichkeit

Abkürzung
Warum beschreibt man einen Gefühlszustand mit „Ich bin"?
„Ich bin traurig."
„Ich bin sauer."
„Ich bin froh."
„Ich bin glücklich."
„Ich bin unzufrieden."

Wenn ein Mensch solche Aussagen trifft, muss er zuvor die Beobachtung an sich selbst vorgenommen haben, dass etwas in ihm wirken würde, was ihn z. B. traurig sein lässt. Wie können aber nun Beobachterin bzw. Beobachter und das zu Beobachtende identisch sein? – Gar nicht! Wenn ich etwas beobachte, muss ich auf Distanz zu diesem Phänomen sein. Ergo: Ich habe mit diesem überhaupt nichts zu tun. So gesehen, ist die Aussage „Ich bin traurig." nicht korrekt bzw. nicht präzise genug. Genauer müsste man sagen, dass die kreierte Person A über Gedanken und Gefühle verfügt, die allgemein angenommen als Trauer bezeichnet werden. Du kannst dir vorstellen, wie romantisch das klingen würde, würde man das mit dem Satz „Ich liebe dich." betreiben.

Was bleibt übrig?
Was bleibt für uns übrig, wenn wir uns nicht mehr über unsere Gefühle identifizieren (können)? Viele werden abspringen und an dieser Stelle sagen, dass sie das weder wollten noch könnten. „Was wäre ich ohne meine Gefühle?" Doch auch in dieser Aussage finden wir die Krux: „Meine Gefühle" impliziert das Besitzdenken. Und etwas, das ich habe oder das mir gehört, kann eben kein Teil von mir selbst sein. Wenn ich MEINE Tasse in der Hand halte, bin ich dann die Tasse? Wohl eher nicht. Wenn ich meine Gefühle habe, bin ich dann diese Gefühle? – Eben! Und doch ist unser Alltag so voll von der Idee, wir wären unsere Gefühle. So rennen wir jeden Tag den lustvollen Momenten nach und meiden die nicht so lustvollen. Im Buddhismus, vor allem im Zen, werden Gedanken und Gefühle als ein durchgehender Strom beschrieben, auf den man eh keinen Einfluss hat. Gedanken und Gefühle kommen und gehen. Man sollte seine „Tür" daher offenhalten, damit alles durchziehen kann und man nicht in die Falle tappt, anzuhaften.

Das Ballgefühl

Um mal wieder in den Sport zu schauen: Hilfreich ist hier das Ballgefühl, welches gerade im Fußball immer wieder Erwähnung findet bei Reportagen und Berichten. Das Ballgefühl kann auf verschiedene Arten definiert werden, je nachdem, in welchem Kontext es verwendet wird. Im Allgemeinen bezieht sich „Ballgefühl" auf die Fähigkeit einer Person, den Ball oder ein sportliches Gerät präzise zu kontrollieren und zu manipulieren. Es beinhaltet eine Kombination aus koordinativen Fähigkeiten, sensorischer Wahrnehmung, Feinmotorik und räumlichem Bewusstsein. Grundlegende Merkmale sind:

Hand-Auge-Koordination

Ballgefühl hängt stark von der Fähigkeit ab, das Auge auf den Ball zu richten und die Informationen visuell zu verarbeiten, um dann die richtigen motorischen Reaktionen auszuführen.

Taktile Wahrnehmung

Dies bezieht sich auf die Fähigkeit, Informationen über den Ball durch den Tastsinn zu erfassen. Ein gutes Ballgefühl ermöglicht es einer Person, subtile Unterschiede in der Textur, dem Gewicht und der Bewegung des Balls wahrzunehmen.

Feinmotorik

Feinmotorische Fähigkeiten sind wichtig, um den Ball präzise zu greifen, zu werfen, zu schießen oder zu dribbeln. Die Kontrolle über die Finger, Hände und Arme spielt eine entscheidende Rolle bei der Ausführung technischer Fertigkeiten.

Räumliches Bewusstsein

Ballgefühl beinhaltet ein Bewusstsein für den Raum um den Spieler herum, um den Ball in Bezug auf andere Spieler, Hindernisse oder Ziele zu positionieren. Das räumliche Bewusstsein ermöglicht es, den Ball effektiv zu steuern und zu passen.

Körperliche Beherrschung
Eine gute Körperbeherrschung und Körperkontrolle sind wichtige Komponenten des Ballgefühls. Die Fähigkeit, den Körper stabil zu halten, Gleichgewicht zu halten und sich geschickt zu bewegen, trägt dazu bei, den Ball effektiv zu beherrschen.

Im Grunde sagen wir, dass jemand ein gutes Ballgefühl hätte, wenn dieser Mensch mit einem Ball sehr gut umgehen kann, wenn er geschickt ist, wenn er achtsam mit dem Ball verfährt, kurz: wenn er mit dem Ball einfach sehr gut vertraut ist. Von außen wirkt es wie eine hohe Leichtigkeit. Menschen mit gutem Ballgefühl haften nicht an! Würden sie an ihrer Wahrnehmung haften bleiben, kämen sie gar nicht in Kontakt zum Ball. Sie wären so mit ihren Gefühlen und Gedanken beschäftigt, dass sie das Wesentliche gar nicht anpacken könnten. So geht es uns im Alltag auch oft. Wir alle haben ein gutes Ballgefühl für unser Leben, bremsen uns aber oftmals durch unser Anhaften aus. Man stelle sich Jamal Musiala vor, Weltklassespieler beim FC Bayern, wie er den Ball immer wieder verliert und wie er wie ein kleiner Junge dem Ball hinterher „hippelt", einfach weil er nur damit beschäftigt ist, darüber nachzudenken, wie er wohl den Ball als nächstes am besten erreichen und berühren könnte. „Ballgefühl" meint das komplette Gegenteil davon!

Ballgefühl ist eine faszinierende Kompetenz, die oft mit außergewöhnlichen Sportlerinnen und Sportlern in Verbindung gebracht wird. Es ist das Zusammenspiel von Technik, Koordination und Instinkt, welches es einer Person ermöglicht, den Ball wie auf magische Weise zu beherrschen.

Stell dir vor, du beobachtest Jamal Musiala auf dem Platz. Er dribbelt den Ball mit Leichtigkeit und Anmut, als wäre

5 Gefühle bewusst leben

er mit ihm verbunden. Jeder Kontakt mit dem Ball scheint perfekt zu sein, und der Fußballspieler scheint instinktiv zu wissen, wie viel Kraft er aufwenden muss, um den Ball präzise zu führen. Seine Berührungen sind sanft und dennoch kraftvoll, und der Ball scheint förmlich an seinem Fuß zu kleben.

Das Ballgefühl zeigt sich auch in anderen Sportarten wie Basketball. Ein Spieler fängt den Ball aus der Luft und lenkt ihn mit einer eleganten Bewegung in die richtige Position, um einen Korb zu erzielen. Seine Hände sind so geschickt, dass der Ball wie eine Verlängerung seines Körpers erscheint. Er kann den Ball durch schnelle Drehungen und geschickte Pässe präzise manövrieren, um seine Mitspieler in gute Wurfpositionen zu bringen.

Im Tennis ist das Ballgefühl entscheidend, um den Schläger richtig zu positionieren und die Flugbahn des Balls zu kontrollieren. Eine Tennisspielerin bzw. ein Tennisspieler scheint den Ball förmlich vorherzusehen, noch bevor sie bzw. er auf seine bzw. seiner Seite des Spielfeldes landet. Sie bzw. er trifft den Ball mit der perfekten Technik und gibt ihm die gewünschte Richtung und Geschwindigkeit, um ihren bzw. seinen Gegner zu überlisten.

Ein Beispiel gutes Ballgefühl im Golf ist Phil Mickelson. Mickelson ist ein US-amerikanischer Profigolfer und einer der erfolgreichsten Spieler seiner Generation. Er wird oft für sein außergewöhnliches Ballgefühl und seine präzisen Schläge bewundert. Mickelson ist bekannt für sensationelles kurzes Spiel und seine Fähigkeit, den Ball auf eine präzise Art und Weise zu kontrollieren. Er verfügt über ein feines Gespür für die Flugbahn des Balls, die Distanz und die Grüns, was ihm hilft, seine Schläge genau zu platzieren. Sein Ballgefühl ermöglicht es ihm auch, schwierige Schläge aus unterschiedlichen Lagen zu meistern und den Ball geschickt um Hindernisse herumzuführen. Außerdem ist Mickelson für seine Kreativität und seinen Einfallsreichtum auf dem Golfplatz bekannt. Er ist in der Lage, unkonventionelle Schläge und trickreiche Schlagtechniken einzusetzen, um sich aus schwierigen Situationen zu befreien. Dies erfordert ein hohes Maß an Ballkontrolle und Präzision, die auf sein beeindruckendes Ballgefühl zurückzuführen sind.

Es sind diese scheinbare Leichtigkeit und Präzision, die das Ballgefühl so spannend machen. Es ist wie eine Form von Magie, bei der der Ball zu einer Erweiterung des Körpers wird und die Person, die sie beherrscht, zu einer wahren Künstlerin bzw. einem wahren Künstler auf dem Spielfeld macht. Dabei ist Ballgefühl nicht nur auf den Sport beschränkt. Es kann auch in anderen Bereichen des Lebens beobachtet werden, wie zum Beispiel beim Jonglieren oder beim Umgang mit handwerklichen Fähigkeiten. Es zeigt sich in der Art und Weise, wie jemand einen Gegenstand behandelt und mit ihm interagiert.

Das Ballgefühl als Sinnbild für mehr
Ballgefühl kann auch metaphorisch verwendet werden, um Fähigkeiten und Eigenschaften in anderen Bereichen wie in der Wirtschaft oder in zwischenmenschlichen Beziehungen zu beschreiben:

In der Wirtschaft kann „Ballgefühl" beispielsweise bedeuten, dass jemand ein intuitives Verständnis für den Markt, die Kundenbedürfnisse oder die Dynamik in einem Unternehmen hat. Eine Person mit gutem Ballgefühl in der Geschäftswelt kann Chancen erkennen, Risiken abschätzen und angemessene Entscheidungen treffen. Ähnlich wie eine Sportlerin bzw. ein Sportler den Ball beherrscht, kann eine geschickte Unternehmerin bzw. ein geschickter Unternehmer mit Ballgefühl die richtigen Schritte unternehmen, um erfolgreich zu sein und die gewünschten Ziele zu erreichen.

Auch in zwischenmenschlichen Beziehungen kann Ballgefühl eine Rolle spielen. Es bedeutet, dass man sich aufmerksam und feinfühlig auf andere Menschen einstellen kann. Jemand mit Ballgefühl in sozialen Interaktionen kann die Stimmungen, Bedürfnisse und Emotionen anderer Menschen erkennen und angemessen darauf reagieren. Diese Menschen wissen, wie sie ihre Worte und ihr Verhalten anpassen können, um positive Beziehungen aufzubauen und Konflikte zu vermeiden oder zu lösen.

Ballgefühl in zwischenmenschlichen Beziehungen könnte auch bedeuten, dass jemand Empathie und Einfühlungsvermögen hat und in der Lage ist, effektiv zu kommunizieren und auf die Bedürfnisse anderer einzugehen. Es ermöglicht es einer Person, harmonische Beziehungen aufzubauen, Vertrauen zu schaffen und Menschen zu motivieren. So wie sich eine Fußballspielerin bzw. ein Fußballspieler mit dem Ball verbinden kann, können sich auch Menschen mit „Ballgefühl" mit Menschen verbinden. Ob in der Wirtschaft oder in zwischenmenschlichen Beziehungen, Ballgefühl ist eine Eigenschaft, die es einer Person ermöglicht, die Situation und die Menschen um sie herum zu verstehen, sich anzupassen und angemessen zu handeln. Es geht um Sensibilität, Intuition und die Fähigkeit, subtile Hinweise wahrzunehmen und angemessen darauf zu reagieren.

Sehr früh fing ich an, mich mit Bällen zu beschäftigen. Als Kleinkind mit Fußbällen im Garten, in der Schule galt ich dann bereits als einer der begabtesten Ballsportler. Basketball – Volleyball – Brennball: Alles fiel mir leicht und die Leute begannen zu sagen: „Der Junge hat aber ein großartiges Ballgefühl." Was genau hat das für mich bedeutet? Durch meinen sehr frühen Zugang zum Ball habe ich es gelernt, „natürlich" mit dem Ball umzugehen. Die Bewegungsabläufe waren verinnerlicht. Im Fußball galt ich als einer der begabtesten Techniker im Team. Ich konnte den Ball auf engsten Raum sehr gut behaupten und auch an Gegenspielern vorbeikommen. Im Tennis habe ich immer wieder Stopps und andere Bälle eingefügt, bei denen ich ein

Feingefühl mit dem Schläger brauchte. Im Golf sind es die kurzen Schläge und das Putten, bei dem Ballgefühl besonders gefordert ist. Für mich beschreibt es die Fähigkeit, mit Feingefühl den Ball in den entscheidenden Momenten zu behandeln. „Ballgefühl" in zwischenmenschlichen Beziehungen kann äußerst produktiv, kreativ und lebendig sein. Es hilft, Beziehungen spannend zu erhalten, statt sie voreilig zu zerstören.

Praxisbeispiel

Stell dir vor, ein Paar befindet sich in einer schwierigen Situation. Einer von ihnen hat einen stressigen Tag auf der Arbeit gehabt und ist emotional erschöpft. Der andere Partner hat ein ausgeprägtes „Ballgefühl" und erkennt sofort, dass etwas nicht stimmt, obwohl der gestresste Partner es noch nicht ausgesprochen hat. Anstatt einfach weiterzumachen oder den gestressten Partner mit Fragen zu überhäufen, entscheidet sich der Partner mit Ballgefühl für einen einfühlsamen Ansatz. Er geht behutsam auf den anderen zu, bietet Raum zum Ausdruck der Gefühle und signalisiert, dass er bereit ist, zuzuhören und zu unterstützen. Der Partner mit Ballgefühl erkennt intuitiv, dass der gestresste Partner möglicherweise keine sofortigen Lösungen oder Ratschläge benötigt, sondern einfach jemanden, der zuhört und Mitgefühl zeigt. Der Partner mit „Ballgefühl" verwendet seine emotionale Intelligenz, um die Bedürfnisse des Partners zu verstehen und angemessen zu reagieren. Er wird so eins mit dem anderen Menschen. Durch das „Ballgefühl" schafft der Mensch eine Atmosphäre des Verständnisses und der Verbundenheit. Er gibt dem anderen Partner den Raum, den dieser braucht, um sich auszudrücken, und zeigt durch seine Worte und Gesten, dass er da ist und unterstützen kann. Die richtige Menge an Sensibilität und Einfühlungsvermögen ist entscheidend, um in einer schwierigen Zeit stärken und ermutigen zu können.

5.3 Wie man gewöhnlich mit Gefühlen umgeht?

„Man" ist das Anonyme, das Durchschnittliche, das bekannte Unbekannte, die Norm. Wir sind meistens, auch wenn wir es selten wahr haben wollen, dem „man" unterworfen, ganz einfach durch unsere Gesellschaft und Kultur, durch unsere Prägungen und sozialen Gewohnheiten. Um sich „Ballgefühl" aneignen zu können, müssen wir daher erst einmal verstehen, wie wir üblicher Weise mit Gefühlen umgehen. Dieser normale bzw. normalisierte Umgang steht nämlich dem Ballgefühl im Weg. Wie will MAN etwas Natürliches sich entfalten lassen, wenn es zuvor verbaut wurde mit zig umständlichen, komplexen und fast undurchdringbaren unnatürlichen Mustern der Abwehr und Reaktion?

Das Normale als Risiko
Hinzu kommt, dass wir oftmals schlechte Vorbilder haben für einen gesunden Umgang mit Gefühlen bzw. Emotionen. In den Medien stehen Dramen an der Tagesordnung. Ob unsere Eltern und Großeltern wegweisend sein könnten, sei dahingestellt. Sicher gibt es hier und da konstruktive Impulse. Im Allgemeinen zeichnet sich unsere Gesellschaft durch emotionale Überforderung aus. Das sehen wir in der Politik, in der zunehmenden Wut in bestimmten Bevölkerungsteilen, natürlich auch im Sport, in der Wirtschaft und in nahezu allen persönlichen Beziehungen. Der normale Umgang mit Gefühlen sieht schematisch wie in Abb. 5.2 betrachtet aus.

Das Ganze kann am Beispiel deutlich werden:

1. Reiz: Eine Person erhält eine Beförderung und wird zum Manager befördert.

Abb. 5.2 Gefühlskette

2. Emotionale Reaktion: Die Person empfindet Freude und Stolz über die Anerkennung und den beruflichen Erfolg.
3. Handlung: Die Person bedankt sich bei ihrem Vorgesetzten, teilt die gute Nachricht mit Freunden und Familie, plant die zukünftigen Aufgaben und Verantwortlichkeiten als Manager und setzt sich ehrgeizige Ziele für ihre weitere Karriereentwicklung.

Und ein Beispiel aus dem Sport
1. Reiz: Ein Fußballspieler wird von seinem aktuellen Team zum Kapitän ernannt.
2. Emotionale Reaktion: Der Spieler empfindet Freude und Stolz über die Anerkennung und das Vertrauen, das ihm entgegengebracht wird. Er ist motiviert und fühlt sich geehrt, eine so wichtige Rolle im Team einzunehmen.
3. Handlung: Der Spieler bedankt sich bei seinem Trainer und seinen Teamkollegen für die Ernennung. Er nimmt seine neue Verantwortung ernst und setzt sich zum Ziel, das Team zum Erfolg zu führen. Er arbeitet intensiv an seiner Führungsqualität, kommuniziert eng mit seinen Mitspielern, organisiert Teambesprechungen und motiviert das Team vor Spielen. Er nimmt sich vor, Vorbild für seine Mannschaft zu sein und gibt sein Bestes, um die Erwartungen als Kapitän zu erfüllen. Gleichzeitig plant er seine persönliche Weiterentwicklung im Fußball und setzt sich ehrgeizige Ziele, um seine eigene Leistung weiter zu verbessern.

Zu guter Letzt ein Beispiel aus dem Alltag
1. Reiz: Eine Person wird bei der Bewerbung für einen Job abgelehnt.
2. Emotionale Reaktion: Die Person empfindet Traurigkeit über die Ablehnung und das Gefühl des Versagens.
3. Handlung: Die Person nimmt sich Zeit, um die Ablehnung zu verarbeiten, reflektiert über mögliche Verbesserungen in ihren Bewerbungsunterlagen und ihrem Auftreten, sucht nach anderen Jobmöglichkeiten, nimmt an Bewerbungstrainings teil, um ihre Fähigkeiten zu verbessern, und bleibt entschlossen, weiterhin nach geeigneten beruflichen Chancen zu suchen.

Abgesehen von den möglichen Handlungskonsequenzen sollen die Beispiele zeigen, dass wir in aller Regel von Gefühlen „überrannt" werden. Sie tauchen unfreiwillig und damit unreguliert auf. Sie lösen bestimmtes Verhalten aus. Kurzum: Wir sind ihnen ausgeliefert. Das merken wir gerade in den besonders erregenden Momenten von Freude, Wut, Verzweiflung, Lust usw. Und wir haben es gelernt, dann diesen Gefühlen Raum zu geben, sie sozusagen unmittelbar auszuleben. Das ist üblich, das wird nicht hinterfragt. Es gilt als NORMalität. Und wir identifizieren uns dann mit diesen Gefühlen, schaffen so unser „Ich" und letztlich unsere zunehmende Unbeweglichkeit. Alles läuft nach einem bestimmten (erfahrungsgestützten) Programm ab. Reguliert wird also nichts.

5.4 Gefühle bewusst erleben: Hands-on!

Ganz gleich, ob Sport, Wirtschaft, Alltag oder Beziehungen: Das Wichtigste für eine Optimierung des Gefühlslebens ist die Achtsamkeit – das Bemühen darum, genau hinzuschauen, was in einem vor sich geht. Dies ist eine Frage des Interesses! Du kannst jeden Moment nutzen, um zu schauen, welche Gefühle sich aufbauen, durch was sie ausgelöst werden und zu welchen Handlungskonsequenzen sie dich (an-)treiben.

„Versuch macht klug!"
In einem nächsten Schritt kannst du dann versuchen, wirklich nur versuchen, nicht etwa erzwingen, die typische Reiz-Reaktions-Kette zu unterbrechen. Gefühle sind nicht ad hoc da. Sie bauen sich langsam auf, sie verstärken bzw. verdichten sich. Je stärker sie werden, desto schwerer wird es sein, sich von ihnen zu befreien. Doch die Befreiung braucht es, um anschließend effektive Emotionsregulation betreiben zu können. Man kann sich nicht im Sinne Münchhausens selber aus dem Sumpf ziehen. Man braucht den Abstand. Diesen gewinnst du dadurch, dass du schon im frühen Stadium der Gefühlsaufwallungen mit deiner Aufmerksamkeit von den Gefühlen weggehst. Das ist keine Ablenkung, es ist eine Umlenkung. Du reduzierst sozusagen deine emotionale Beteiligung an einer Situation und kannst so die Situation beherrschen. Du kannst zum Beispiel dich wie eine fremde Person beobachten, die handelt, wie sie eben handelt. Du kannst auch deine Körperreaktionen während stärkerer Emotionen beobachten, die Ursachen reflektieren oder auch schauen, was sich zwischen den Menschen abspielt. Im Grunde kannst du auf alles schauen, was dir dabei hilft, souveräner zu werden im Umgang mit Emotionen. Damit verlässt du auch gleichzeitig das übliche Identitätsdenken, wenn der Mensch glaubt, seine Gefühle wären er. So gewinnst du mehr Handlungsfreiraum und kannst weitgreifende Erfahrungen sammeln, die du sonst nicht sammeln könntest, weil du immer nur mit „dir" beschäftigt wärst.

> **Praxistipp**
>
> Schnapp dir einen Ball und spiele Fußball, Tennis, Golf oder Basketball – ganz egal, Hauptsache du kommst mit dem Ball in Kontakt und beschäftigst dich mit dem Ballgefühl. Der Ball bzw. dein Spiel mit ihm ist ein gutes Symbol für einen anderen Umgang mit Emotionen. Wenn du z. B. Fußball spielst, dann kontrolliere den Ball mit maximaler Leichtigkeit. Halte den Kontakt zwischen Fuß und Ball ruhig, locker und entspannt. Werfe dich keinesfalls auf den Ball drauf oder kämpfe um jeden Meter. Bleib geschmeidig, beweglich und denke daran: Es ist nur ein Spiel. Wenn du deinen Körper aber im Spiel beweglicher kriegst, wirst du merken, dass sich dies auch auf dein Gefühlsleben und deine Gedanken auswirkt.
>
> Du kannst auch mit einer Partnerin oder einem Partner spielen. Ihr könnt euch z. B. den Ball hin- und hergeben. Ihr könnt ihn euch zuwerfen. Ihr könnt auch spielerisch gegeneinander spielen. Wichtig ist dabei nur, immer wieder zum Bemühen um Geschmeidigkeit und Kontakt zum Ball zurückzukehren. Sobald du merkst, dass du zu sehr verkrampfst, werde wieder lockerer. Halte den Ball stets unter deiner Kontrolle. Das heißt, dass du ihn im Optimalfall jederzeit in jede beliebige Richtung führen kannst, ohne dich dabei zu verausgaben. Du kannst auch mit verschiedenen Bällen experimentieren: Nimm leichtere, schwerere größere oder auch kleinere. Wichtig ist, den Kontakt zum Ball zu behalten, während du dich bewegst – und dies so leicht wie möglich. Behalte den Ball immer so nah wie möglich am Fuß. Am besten sind fließende Bewegungen, bei denen du den Ball nicht stößt, sondern rollst. Du bewegst dich neben dem Ball und rollst mit deinem Fuß über den Ball und integrierst ihn so in deine Vorwärtsbewegung.

Diese Übungen – vielmehr die grundgelegten Prinzipien – kannst du für den Umgang mit deinen Gefühlen und Emotionen nutzen. Sie verraten dir, dass ...

- ... du nicht gegen sie, sondern mit ihnen arbeiten solltest.

- … es eine gewisse Leichtigkeit braucht, um geschmeidig zu bleiben und Kontrolle zu gewinnen oder zu behalten.
- … es nicht darum geht, auf Krampf etwas zu bewirken.
- … es um Spaß an Bewegung gehen sollte.
- … es darum gehen sollte, die eigenen Bewegungen zu optimieren und so andere Dinge in Bewegung zu versetzen.

Literatur

Barnow, S. (Hrsg.). (2020). *Handbuch Emotionsregulation. Zwischen psychischer Gesundheit und Psychopathologie.* Springer.

Barnow, S., Reinelt, E., & Sauer, C. (2016). *Emotionsregulation. Manual und Materialien für Trainer und Therapeuten.* Springer.

Berking, M. (2017). *Training emotionaler Kompetenzen.* Springer.

Coach Seb. (2020). Simple Übungen für DEINE Ballkontrolle und Ballführung. https://www.youtube.com/watch?v=ov65566FD1g. Zugegriffen am 30.06.2023.

DeSteno, D. (2019). *Emotional success.* Mariner Books.

Eilert, D., & Langwara, R. (2022). *Die Kraft der Emotionen – Resilient und stressfrei mit Mesource.* Junfernmann Verlag.

Ekman, P. (2017). *Gefühle lesen – Wie Sie Emotionen erkennen und richtig interpretieren.* Springer.

Glasenapp, J. (2021). *Emotionen als Ressourcen – Manuel für Psychotherapie, Coaching und Beratung.* Beltz Verlag.

Goleman, R. (2022). Die 7 Säulen der EMOTIONALE INTELLIGENZ. 4 BÜCHER IN 1 | Positives Denken: Selbstliebe & Führungskraft. Ausdrucksweise Verbessern: Kognitive Verhaltenstherapie, NLP, Dunkle Psychologie & Manipulation. Independently published.

Hergovich, A. (2022). *Allgemeine Psychologie – Wahrnehmung und Emotion.* Facultas.

McColl, P. (2008). *Dein Schicksals-Schalter. Meistere deine zentralen Emotionen und gestalte das Leben nach deinen Wünschen.* Goldmann.

Schiewer, G. (2014). *Studienbuch Emotionsforschung. Theorien, Anwendungsfelder, Perspektiven.* Wissenschaftliche Buchgesellschaft.

Schmidt-Atzert, L., Peper, M., & Stemmler, G. (2014). *Emotionspsychologie. Ein Lehrbuch.* W. Kohlhammer GmbH

Spreckels, C. (2022). *Kopfsache Fußball – Wie das Spiel mental entschieden wird.* Edel Verlagsgruppe.

6

Emotionale Botschaften und Emotionsfallen

Körper und Geist sind eins. Wirst du im Umgang mit dem Ball geschmeidiger, hat das auch positive Auswirkungen auf dein Innenleben, welches auch geschmeidiger wird. Du kannst nicht körperlich entspannt sein und innerlich verkrampft sein. Um nun aber vom Fußball wieder verstärkt auf die innere Arbeit zu kommen, müssen wir uns anschauen, wie Emotionen in uns wirken, was nicht biochemische bzw. physische Aspekte meint, sondern die puren inneren Reaktionen. Was bringen uns Emotionen? Im wahrsten Sinne: „bringen", also hergeben?

6.1 Emotionale Botschaften und ihre Kraft der Transformation

Im Fußball, gerade wenn es darum geht, Ballkontakt zu halten, braucht es das Ballgefühl, um den Kontakt zum Ball aufrechtzuerhalten. Die Spielerin bzw. der Spieler bekommt unmittelbares Feedback vom Ball, sobald der Kontakt hergestellt ist. In Sekundenschnelle kann sie oder kann er wahrnehmen, in welche Richtung sich der Ball bewegt, wie viel Kraft wirkt, wie viel Kraft einwirken muss und wie man sich selbst im Verhältnis zu Ball, Spielfeld und Spielerinnen und Spieler zu bewegen hat.

Der Kontakt zwischen Ball und Fuß ist ein Drehkreuz an Informationen
Nicht anders ist es auch im Kontakt zu Emotionen. Wir bekommen sofort mit, was auf uns einwirkt und auch, was wir tun müssen, um an den Emotionen dran zu bleiben bzw. sie in die gewünschte Richtung zu bringen. Emotionen sind Kommunikationsmittel, weshalb es gut und richtig ist, eher von emotionalen Botschaften zu sprechen und nicht nur von Emotionen, denn wenn wir von „Botschaften" reden, dann wissen wir, dass es um Sender, Empfänger und Informationen geht und nicht einfach nur um Gefühle, die irgendwie da sind oder nicht. Emotionale Botschaft impliziert die Verschlüsselung, Übertragung, Entschlüsselung und Reaktion in Bezug auf Informationen.

Eine emotionale Botschaft bezieht sich auf die Übermittlung von Gefühlen und Emotionen von einer Person zu einer anderen. Sie kann verbal oder nonverbal erfolgen und zielt darauf ab, eine bestimmte emotionale Reaktion oder Resonanz bei der empfangenden Person hervorzurufen. Eine emotionale Botschaft kann verschiedene Arten von Emotionen vermitteln, wie zum Beispiel Freude, Trauer, Angst, Wut oder Überraschung.

Die Botschaften können in verschiedenen Kontexten auftreten, sei es in persönlichen Beziehungen, in der Werbung, in der Kunst oder in der Kommunikation im Allgemeinen. Sie können dazu dienen, Empathie, Verbindung, Verständnis oder andere Erleben- und Verhaltensweisen auszulösen.

6 Emotionale Botschaften und Emotionsfallen

Emotionale Botschaften sind Medien
Die Art und Weise, wie eine emotionale Botschaft übermittelt wird, kann vielfältig sein. Sie kann in der Sprache, der Tonlage der Stimme, der Körpersprache, dem Gesichtsausdruck, der Gestik oder anderen nonverbalen Signalen zum Ausdruck kommen. Eine emotionale Botschaft kann direkt und explizit sein oder indirekt und implizit. Sie kann sehr kraftvoll sein, da sie oft auf einer tieferen emotionalen Ebene wirkt und eine starke Resonanz bei den Empfängern hervorrufen kann. Sie kann Menschen berühren, bewegen und beeinflussen, indem sie ihre Gefühle anspricht und sie dazu veranlasst, bestimmte Handlungen, Entscheidungen oder Verhaltensweisen zu ergreifen.

Wie jede andere Botschaft auch können emotionale Botschaften auch Missverständnisse oder Verwirrung verursachen, da Emotionen subjektiv sind und unterschiedlich interpretiert werden können. Sowohl der Sender als auch der Empfänger einer emotionalen Botschaft sollten daher offen für Kommunikation und Klärung sein, um sicherzustellen, dass die beabsichtigte emotionale Botschaft verstanden wird. Mach dir einmal bewusst, wie oft in deinem Leben schon Emotionen bzw. die damit zusammenhängenden Botschaften missverstanden worden sind. Welche Botschaften hast du fehlgedeutet? Wer hat deine missverstanden? Konntest du die Situationen klären? Sind vielleicht Beziehungen kaputt gegangen, nur aufgrund von Missverständnissen? Wie ist es dir gelungen, Missverständnisse zu beseitigen?

Um emotionale Botschaften treffsicher versenden und exakt empfangen zu können, müssen wir wissen, was und wie transportiert wird. Neben Kommunikationstheorien wie das Kommunikationsquadrat nach Schulz von Thun hilft es, sich noch einmal näher mit Emotionen zu beschäftigen. Hierzu eine Beispielsituation: Deine Partnerin oder dein Partner kommt durch die Wohnungstür und schimpft über etwas, was du akustisch nicht verstehst. Nun geht es um die folgenden Punkte:

Art der Emotion
Eine emotionale Botschaft kann angeben, um welche spezifische Emotion es sich handelt, z. B. Freude, Trauer, Angst, Überraschung, Ekel usw. Dies hilft dem Empfänger, die Art des emotionalen Zustands oder der Reaktion zu verstehen. In diesem Fall erkennst du die Wut des Gegenübers. Die Person schimpft und hat vielleicht auch eine extrem angespannte Körpersprache wie Verkrampfungen.

Intensität der Emotion
Eine emotionale Botschaft kann auch Informationen darüber enthalten, wie stark oder intensiv eine bestimmte Emotion erlebt wird. Zum Beispiel kann eine Person angeben, dass sie sehr glücklich oder leicht verärgert ist, um die Intensität ihrer Emotion zu vermitteln. In unserem Beispiel ist die Intensität hoch, weil die Partnerin bzw. der Partner schimpft und keine Rücksicht auf allgemeine Normen nimmt wie Rücksichtnahme und leises Verhalten im Treppenhaus.

Auslöser der Emotion
Eine emotionale Botschaft kann Informationen darüber liefern, was die Emotion ausgelöst hat. Dies kann helfen, den Kontext oder die Ursache der Emotion zu verstehen und die Reaktion der Person besser nachvollziehen zu können. Wenn du beispielsweise weißt, dass deine Partnerin bzw. dein Partner gerade von der Arbeit kam, kannst du einschätzen, das dort oder auf dem Nachhauseweg etwas vorgefallen sein muss. Es kann aber auch länger zurückliegen und im Treppenhaus oder an der Wohnungstür wurde

die Person an dieses Ereignis erinnert. Vielleicht steht der Müll, den du heruntertragen wolltest, noch immer quer vor der Tür.

Relevante Informationen
Neben den reinen Gefühlsinformationen können in einer emotionalen Botschaft auch andere relevante Informationen enthalten sein, die zur Interpretation der Emotion beitragen. Dies können beispielsweise Informationen über den aktuellen Zustand, die Bedürfnisse, die Meinungen oder die Wünsche der Person sein. Deine Partnerin oder dein Partner könnte das Bedürfnis haben, in den Arm genommen zu werden. Sie bzw. er könnte auch über einen konkreten Fakt schimpfen, was du nur erkennen kannst, wenn du hinhörst.

Natürlich kannst du emotionale Botschaften auch im Sport beobachten und entschlüsseln.

> **Abkürzung**
>
> *Art der Emotion*: Ärger
> *Intensität der Emotion*: Hoch (erkennbar an Fluchen, Schimpfen, Kopfschütteln, stark verzerrte Gesichtszüge. Verkrampfungen u. a.)
> *Auslöser der Emotion*: Eine verpasste Chance, das Spiel zu gewinnen
> *Relevante Informationen*: Der Spieler hat hart gearbeitet und gute Leistungen gezeigt, aber eine einzelne Aktion oder Entscheidung hat dazu geführt, dass er die Gelegenheit verpasst hat, das Spiel zu gewinnen.

Die Intensität der Emotion ist hoch, da der Spieler möglicherweise große Hoffnungen oder Erwartungen hatte. Die Frustration kann auf eine spezifische Aktion oder Entscheidung zurückzuführen sein, die das Ergebnis beeinflusst hat. Beachte, dass emotionale Botschaften sehr viele

Informationen des Senders tragen. Gleichzeitig reicht es nicht, diese einfach nur aufzunehmen. Du musst sie auch korrekt einordnen können, was über regelmäßiges Üben gelingen wird. Nutze also jede dir mögliche Situation, um emotionale Botschaften erkennen, entschlüsseln und reflektieren zu können. Du findest diese Botschaften u. a. hier:

- in der Werbung, in Filmen und Serien,
- in anderen Menschen und im Umgang mit diesen,
- in Arbeitssituationen,
- im Auto,
- in der Musik,
- bei der Betrachtung von Landschaften,
- kurzum: überall, weil die Emotionen in dir wahrnehmbar sind.

Das heißt, du kannst im Grunde jederzeit emotionale Botschaften empfangen, du musst nur offen genug für sie sein. Es müssen keine gewaltigen Gefühlsausbrüche sein. Schon kleinste emotionale Regungen reichen aus, um ein tieferes Verständnis entwickeln zu können. Fang also mit dir an und achte auf deine Emotionen, wann immer du kannst. Selbst in Situationen, in denen du augenscheinlich keine Emotionen oder Gefühle verspürst, sind sie da. Erkenne sie und benenne sie! Die Kür liegt dann darin, später die emotionalen Botschaften deiner Mitmenschen rechtzeitig zu erkennen und zu entschlüsseln, um Probleme zu vermeiden und deine Ziele effizienter zu erreichen. Wenn du aufmerksam genug bist, hättest du im oben geschilderten Beispiel schon vor der Begegnung mit der schimpfenden Partnerin bzw. dem schimpfenden Partner etwas tun können, um die Situation zu entschärfen. Das verlangt viel Aufmerksamkeit. Du hättest die wütend-stampfenden

Schritte der Person wahrnehmen können oder auch ihre Atmosphäre/Aura/Stimmung, also das, was einfach wahrnehmbar ist ohne die typischen Sinnesorgane. Wenn du in eine Kneipe gehst und dort ist schlechte Stimmung, dann bemerkst du das sofort und kannst noch rechtzeitig ein anderes Lokal aufsuchen. Man spürt die Stimmung, die in einem Raum ist. Auch das ist eine emotionale Botschaft! Werde also grundsätzlich achtsamer für das, was nicht so offenkundig zu erkennen ist. Wenn dir das gelingt, kannst du deine Leistung in allen Lebensbereichen signifikant stärken:

> **Emotionale Botschaften ...**
> - können eine starke motivierende Wirkung haben. Wenn eine Botschaft angenehme Emotionen wie Begeisterung, Leidenschaft oder Stolz auslöst, kann dies dazu führen, dass sich eine Person energischer und engagierter fühlt, um ihr Bestes zu geben und ihre Leistung zu verbessern.
> - können helfen, den Fokus und die Konzentration zu verbessern. Wenn eine Botschaft eine emotionale Resonanz erzeugt, kann dies dazu führen, dass eine Person sich stärker auf die Aufgabe konzentriert, Ablenkungen reduziert und ihre Aufmerksamkeit auf das Wesentliche lenkt.
> - können dazu beitragen, dass eine Person in schwierigen Situationen durchhält und Hindernisse überwindet. Wenn eine Botschaft emotionale Stärke, Entschlossenheit oder Widerstandsfähigkeit vermittelt, kann dies einer Person helfen, Rückschläge zu überwinden und hartnäckig an ihrem Ziel zu arbeiten.
> - können das Selbstvertrauen stärken. Wenn eine Botschaft angenehme Emotionen wie Selbstsicherheit, Mut oder Zuversicht hervorruft, kann dies dazu führen, dass eine Person an ihre eigenen Fähigkeiten glaubt und sich besser in der Lage fühlt, ihre Aufgaben erfolgreich zu bewältigen.

- können helfen, Emotionen zu regulieren und mit ihnen konstruktiv umzugehen. Eine Botschaft, die emotionale Unterstützung, Beruhigung oder Aufmunterung vermittelt, kann einer Person helfen, negative Emotionen zu bewältigen und in einen positiveren emotionalen Zustand zu gelangen, der ihre Performance verbessern kann.
- können die Teamdynamik und Zusammenarbeit verbessern. Wenn eine Botschaft angenehme Gefühle wie Teamgeist, Zusammenhalt oder Wertschätzung fördert, kann dies dazu beitragen, dass ein Team besser zusammenarbeitet, effektiver kommuniziert und somit insgesamt eine bessere Leistung erbringt.

Emotionale Botschaften für beste Kommunikation

Du kannst natürlich auch selber bewusst emotionale Botschaften übermitteln und so andere Menschen begeistern. Dazu brauchst du aber erst einmal die oben geschilderte Grundlage, dass du in dir die Reaktionen erkennst, die solche Botschaften auslösen. Dann kannst du die nächsten Schritte gehen. Wichtig hierbei ist, dass du die Emotionen deiner Botschaften auch wirklich so erlebst. Es geht um kein Schauspiel oder um Manipulation. Es geht um Authentizität! Sieh dir mal die emotionalen Botschaften des deutschen Fußballtrainers Jürgen Klopp an. Diese Person steht exemplarisch für konkrete emotionale Botschaften. Gerade Klopp versteht es gut, mit seinem Verhalten und Erleben andere Menschen zu begeistern. Bedenke, dass es oft nur kleiner Aktionen bedarf, um emotionale Botschaften zu kommunizieren. Emojis sind hierfür ein gutes Beispiel. Ein kleines gelbes Gesicht kann ausreichen, um dem Gegenüber zu signalisieren, wie es um einen bestimmt ist – sofern das Gegenüber fähig ist, die Emoji angemessen zu interpretieren.

6.2 Vorsicht vor Emotionsfallen

Stell dir eine klassische Bodenfalle im Wald vor. Du gehst nichts ahnend spazieren, der Weg ist mal breiter, mal enger. Es gibt viel Unterholz und auf dem Weg liegen viele Nadeln, Stöcker und Laub. Du bewegst dich sicher auf dem Weg und auf einmal passiert es. Du merkst gerade noch, wie du deinen Fuß aufsetzt, da löst sich der Boden unter dir auf und du fällst in die Tiefe. Du bist in eine Falle getappt. Mit Emotionen ist es nicht viel anders, weil wir die Fallen erst dann erkennen, wenn wir schon in sie hineingefallen sind. Der Begriff „Falle" ist hier zweifach zu verstehen:

Zum einen ist eine Falle etwas zumeist Unsichtbares, in das wir stürzen, weil wir nicht achtsam genug sind. Zum zweiten ist eine Falle etwas, aus dem man sich gar nicht oder nur extrem schwer befreien kann. Man ist in ihr gefangen. In der Welt der Gefühle und Emotionen gibt es folgerichtig mehrere Fallen, die wir aber glücklicher Weise reduzieren oder ganz entfernen können, wenn wir uns mit einer Fallenart intensiver beschäftigen. Das ist jene, die in uns selbst wirkt: bestimmte Muster oder Phänomene, die dazu führen können, dass wir in ungesunde oder ungünstige emotionale Zustände geraten. *Der Begriff „Emotionsfalle"* wird verwendet, um zu betonen, dass bestimmte Denk- und Verhaltensmuster zu einer „Falle" werden können, aus der es schwierig ist, sich zu befreien. Je mehr Fallen du in dir auflöst, desto besser kannst du Emotionsfallen erkennen, die außerhalb von dir gelegt worden sind.

Beispielsweise können negatives Denken und Grübeln eine Emotionsfalle sein. Dies kann nämlich zu einem Teufelskreis führen, bei dem negative Emotionen verstärkt werden und es schwer wird, angenehme Emotionen zu erleben. Der Begriff „Emotionsfalle" wird hier verwendet, um zu betonen, dass das Festhalten an negativem Denken eine

Art gefangenhaltende Situation schafft. Wenn du in so einer Situation bist, kannst du ruckzuck in die nächste Falle tappen, wenn beispielsweise ein anderer Mensch dich emotional manipulieren will. Du bist so mit deinem Teufelskreis beschäftigt, dass du die Absicht der Manipulation nicht erkennen kannst. So geht es dann weiter. Nach der Manipulation kann die nächste Falle auf dich warten, die du auch nicht sehen kannst. Deshalb ist es wichtig, erst einmal deine eigenen Emotionsfallen zu erkennen und abzulegen. Neben Grübeln und negativem Denken sind die folgenden Phänomene oft Emotionsfallen:

Katastrophisieren
Dies ist eine Emotionsfalle, bei der eine Person dazu neigt, Situationen oder Ereignisse als viel schlimmer zu interpretieren, als sie tatsächlich sind. Dies kann zu starken Angst- oder Stressreaktionen führen und das allgemeine Wohlbefinden beeinträchtigen. Der Begriff „Emotionsfalle" betont hier, dass das katastrophisierende Denken eine Person in einen emotional belastenden Zustand einfängt.

Vermeidung von Emotionen
Auch dies kann eine Falle sein! Es ist eine Emotionsfalle, bei der eine Person versucht, unangenehme oder schmerzhafte Emotionen zu vermeiden, indem sie sie unterdrückt oder auslösende Situationen umgeht. Dies kann zu einer emotionalen Stagnation führen und es der Person erschweren, gesunde Bewältigungsmechanismen zu entwickeln. Der Begriff „Emotionsfalle" verdeutlicht, dass das Vermeiden von Emotionen langfristig zu einer Beeinträchtigung des emotionalen Wohlbefindens führen kann.

Emotionale Abhängigkeit
Wenn eine Person stark von anderen abhängig ist, um angenehme Emotionen zu erleben oder ihre eigenen unan-

genehmen Emotionen zu regulieren, ist sie in einer Falle. Dies kann zu einem Ungleichgewicht in zwischenmenschlichen Beziehungen führen und die emotionale Autonomie beeinträchtigen. Der Begriff „Emotionsfalle" unterstreicht dabei, dass die Abhängigkeit von anderen, um emotionale Bedürfnisse zu erfüllen, eine Art gefangene Situation darstellt.

Doch es geht noch weiter. Für die folgenden Emotionsfallen ist ein Blick in den Sport hilfreich, denn gerade im Spitzensport gibt es zahlreiche Emotionsfallen, die die Athletinnen und Athleten in ungesunde oder ungünstige emotionale Zustände versetzen. Diese Muster können die sportliche Leistung beeinträchtigen und das Wohlbefinden negativ beeinflussen. Häufig begegnen die Sportlerinnen und Sportler folgenden Problemen:

Übermäßiger Druck: Eine Athletin bzw. ein Athlet setzt sich selbst unter starken Druck, um bestimmte Leistungen zu erbringen. Dieser Druck kann zu einer erhöhten Angst oder Nervosität führen und die Fähigkeit beeinträchtigen, das volle Potenzial abzurufen.

Negative Selbstgespräche: Die Sportlerin oder der Sportler hat es sich zur Gewohnheit gemacht, negative und selbstabwertende Gedanken in dauernde Worte zu packen, die die Selbstsicherheit und das Selbstvertrauen beeinträchtigen. Die negativen Selbstgespräche können die emotionale Stabilität beeinflussen und die Leistung negativ beeinflussen.

Fokussierung auf Ergebnisse: Wenn man zu sehr auf das Endergebnis oder den Wettkampfausgang fixiert ist, kann es zu erhöhtem Stress und Angst führen, da das Gefühl dominiert, dass der Selbstwert vom Abschneiden im Wettkampf abhängen würde.

Angst vor Versagen: Fast schon typisch für Performer ist die Angst, zu versagen oder Erwartungen nicht zu erfüllen. Diese Angst kann dazu führen, dass die Sportlerin bzw. der Sportler sich selbst sabotiert oder in der Leistung zurückhält, um das Risiko des Scheiterns zu verringern.

Emotionale Überreaktion: Wenn eine Sportlerin oder ein Sportler zu stark auf emotionale Höhen und Tiefen reagiert, die im Verlauf des Wettkampfs auftreten können, ist er gefangen von seinen eigenen Emotionen. Zum Beispiel kann eine Athletin oder ein Athlet nach einem Fehler oder Misserfolg in eine negative Abwärtsspirale geraten, die ihre bzw. seine Fähigkeit beeinträchtigt, sich auf die nächsten Momente zu konzentrieren.

Spitzensportlerinnen und -sportler, Managerinnen und Manager, Investorinnen und Investoren, aber auch alle anderen müssen wissen, welche Emotionsfallen es überhaupt gibt, um diesen aus dem Weg gehen zu können. Doch das ist leichter gesagt als getan! Gerade dann, wenn ein Mensch sich mit seinen Emotionen vollständig identifiziert, fehlt ihm der nötige Abstand, um seine Perspektiven ändern zu können. Wenn dieser Mensch wütend ist, ist er wirklich wütend – zu 100 %. Er kann in diesem Moment nicht anders. Anders wäre, wenn er z. B. im Moment der Wut sehen würde, dass er wütend wäre. In so einer Situation wäre er nicht mit der Wut identisch, sondern hätte Abstand. Er kann dann sagen: „Ich merke, ich bin wütend, aber eigentlich will ich das jetzt gar nicht sein." Das Problem ist, dass viele Emotionen eine fast schon magnetische Wirkung haben. Das Verlangen, der Wut nachzugeben, kann immens sein. Das heißt, selbst wenn dieser Mensch in dem einen Moment noch weiß, dass er wütend ist, kann er im nächsten Moment schon voll in der Wut sein und dieser freien Lauf lassen. Selbiges ist auch bei angenehmen Emotionen der Fall. Dem kann man natürlich nachgehen, doch sollte man emotional so unabhängig werden, dass man jederzeit den Schalter umlegen kann, um die Situation unter Kontrolle behalten zu können, statt nur den eigenen Emotionen nachzulaufen.

6 Emotionale Botschaften und Emotionsfallen

Praxistipp

Damit du Emotionsfallen erkennst, helfen dir folgende Impulse:

- Beobachte, in welchen Situationen sich welche Emotionen stark bei dir ausprägen. Kannst du sie dann noch loslassen?
- Wenn nicht: Was lässt dich festhalten? Was strebst du an?
- Wie ticken deine Gedanken? Grübelst du viel? Steigerst du dich in deine Gedanken hinein?
- Hast du die Tendenz, zu glauben, zu wissen, was andere Menschen über dich denken? Tut dir␣gas gut? Macht es dich fertig?
- Glaubst du alles, was du denkst?
- Wann gelingt es dir, auf Abstand zu deinen Emotionen zu gehen, also zu erkennen: „Ich fühle dies oder das", statt zu meinen: „Ich bin dies oder das"?
- Nutzt du Selbstkritik? Wenn ja: Wie? Nüchtern-rational oder mit Trend zur übermäßig kritisch-negativen Bewertung?
- Welche Menschen lösen bei dir immer wieder die gleichen starken Emotionen aus?

Weiterhin kann es dir helfen, wenn du Emotionsfallen direkt erkennst, nämlich daran, dass ...

- ... du häufig wiederkehrende unangenehme Emotionen erfährst.
- ... du zu übermäßigem oder unangemessenem Verhalten neigst.
- ... du krampfhaft versuchst, ständig Kontrolle zu behalten.
- ... du dich in negativen Denkmustern verlierst.
- ... du egozentristisch bist, also alles auf dich beziehst und es so persönlich machst.
- ... bestimmte Situationen meidest, um unangenehme Emotionen zu vermeiden.
- ... du dich übermäßig negativ bewertest.
- ... dich in Selbstgesprächen über bestimmte Situationen verlierst.
- ... immer wieder Störungen in zwischenmenschlichen Beziehungen erfährst.
- ... du einengende Gedankenmuster pflegst.

Im Knast
Gerade der letzte Punkt ist nicht ganz so einfach zu erkennen, denn wie will ein Gefangener wissen, dass er im Gefängnis sitzt, wenn er gar nicht weiß, dass es ein Gefängnis ist, dass es die Möglichkeit des Einsperrens gibt? Wenn man in starren Denkmustern gefangen ist und Schwierigkeiten hat, andere Perspektiven einzunehmen oder flexibel auf Veränderungen zu reagieren, könnte dies auf das Vorhandensein einer Emotionsfalle hinweisen. Die Wahrnehmung wird dem Insassen nicht helfen, denn wenn er vom Konstrukt der Freiheit nichts weiß, dann deutet er die sich frei bewegenden Menschen vor den Gitterstäben in Gänze anders, vielleicht als ein spezielles TV-Programm. Zumindest kann der Gefangene nicht zwischen Gefangenschaft und Freiheit unterscheiden, wenn er diese Dualität nicht kennt, und diese kennt er nicht, wenn er nicht weiß, dass er gefangen ist. Deshalb: Über Wahrnehmung und Kognition ist die Befreiung nicht möglich. Du kannst immer nur das sehen, was du schon kennst und bleibst daher immer beim Alten. Du kannst aber ausschließen, also das Alte reduzieren. So kann der Gefängnisinsasse das, was er täglich sieht, infrage stellen. Frage dich also nicht, ob du einengende Gedankenmuster pflegst, sondern geh grundsätzlich davon aus, dass sie dich einengen und schaue dir das Gefängnis aus zweifelnder Perspektive an. Hinterfrage alles!

Emotionsfallen als Stärkemesser
Emotionsfallen können aber auch ein guter Indikator deiner wachsenden mentalen Stärke sein, nämlich dann, wenn du ein intensiveres Bewusstsein für Emotionen entwickelst und so auch die Fallstricke immer besser erkennen kannst. Dadurch erlangst du noch mehr Souveränität, die dir hilft, die richtigen Entscheidungen zu treffen, mögen die äußeren Umstände noch so verworren daherkommen. Die Fallen

sind letztlich eine Form emotionaler Botschaften, die du nur richtig deuten musst. Dann kannst du sie umgehen und in dir ausschließen. Das macht dich frei und stark.

Literatur

Goleman, R. (2022). *Die 7 Säulen der EMOTIONALE INTELLIGENZ. 4 BÜCHER IN 1 | Positives Denken: Selbstliebe & Führungskraft. Ausdrucksweise Verbessern: Kognitive Verhaltenstherapie. NLP, Dunkle Psychologie & Manipulation.* Independently published.

Schmidt-Atzert, L., Peper, M., & Stemmler, G. (2014). *Emotionspsychologie. Ein Lehrbuch.* W. Kohlhammer GmbH.

Schwandt, B. (2021). *Entscheidungsprozesse und Emotionen.* Springer.

Spreckels, C. (2022). *Kopfsache Fußball – Wie das Spiel mental entschieden wird.* Edel Verlagsgruppe.

Von Kunhardt, M. (2020). *Mentalgiganten – Was wahre Stärke wirklich ausmacht.* Campus Verlag.

Vössing, H. (2011). *Emotionscoaching.* Books on Demand.

Wassmann, C. (2010). *Die Macht der Emotionen. Wie Gefühle unser Denken und Handeln beeinflussen.* Primus.

Windscheid, L. (2021). *Besser fühlen – Eine Reise zur Gelassenheit.* Rowohlt Verlag.

7

Emotionale Intelligenz als Herz der emotionalen Regulation

Botschaften, Fallen, bewusste Emotionen, Enthusiasmus, Bewältigungsstrategien, Lösungen, Ziele, Werte – all das mag auf den ersten Blick viel Input sein. Bei weiterer Betrachtung und Vertiefung zeigt sich aber eine großartige Chance in der emotionalen Regulation. Alles, was du bisher gelesen und gelernt hast, kannst du über die richtigen Prinzipien der emotionalen Intelligenz nutzen.

7.1 Was ist emotionale Intelligenz?

Emotionale Intelligenz bezieht sich auf die Fähigkeit einer Person, Emotionen angemessen zu erkennen, zu verstehen, zu regulieren und effektiv mit ihnen umzugehen. Es geht darum, sowohl die eigenen Emotionen als auch die Emotionen anderer Menschen zu erkennen und adäquat darauf zu reagieren. Emotionale Intelligenz ermöglicht es, bessere zwischenmenschliche Beziehungen aufzubauen, Konflikte zu bewältigen und erfolgreich in sozialen Situationen zu agieren. Im Fußball zeigt sich emotionale Intelligenz beispielsweise, wenn eine Spielerin bzw. ein Spieler in einem wichtigen Spiel unter hohem Druck steht und dennoch Ruhe bewahrt, um kluge Entscheidungen zu treffen. Eine erfahrene Spielerin bzw. ein erfahrener Spieler kann ihre bzw. seine eigenen Emotionen regulieren, um nicht impulsiv zu handeln und stattdessen taktisch klug zu agieren. Gleichzeitig kann eine emotional intelligente Spielerin bzw. ein intelligenter Spieler auch die Emotionen der Teamkolleginnen und Teamkollegen wahrnehmen und unterstützen, indem sie bzw. er das Team motiviert und beruhigt, um das Beste aus jedem herauszuholen.

Emotionale Intelligenz schafft Vorteile
Im Golf zeigt sich emotionale Intelligenz, wenn eine Golferin oder ein Golfer mit Rückschlägen souverän umgeht und sich nicht von Fehlern entmutigen lässt. Eine emotional intelligente Golferin bzw. ein emotional intelligenter Golfer kann ihre bzw. seine eigenen Ärger regulieren und sich auf das nächste Schlagziel konzentrieren, ohne in Negativität zu verfallen.

In beiden Sportarten ermöglicht emotionale Intelligenz den Menschen, ihre Leistungsfähigkeit zu verbessern, Teamdynamiken positiv zu beeinflussen und mit schwierigen Situationen konstruktiv umzugehen. Diese Fähigkeit kann den Unterschied zwischen Erfolg und Misserfolg ausmachen und trägt dazu bei, dass Sportlerinnen und Sportler ihre volle Leistungsfähigkeit abrufen können.

Im Bereich des Investments zeigt sich emotionale Intelligenz, wenn eine Anlegerin bzw. ein Anleger in der Lage ist, rationale Entscheidungen zu treffen, die nicht von kurzfristigen Emotionen beeinflusst werden. Eine emotional intelligente Investorin bzw. ein emotional intelligenter Investor kann beispielsweise in einer turbulenten Marktphase, in der die Preise volatil sind und die Stimmung pessimistisch ist, Ruhe und einen kühlen Kopf bewahren.

Bewusst für die Ruhe entscheiden
Statt sich von Angst oder Panik leiten zu lassen, kann sie bzw. er ihre bzw. seine Emotionen regulieren und auf fundierte Analysen und Fakten zurückgreifen, um angemessene Entscheidungen zu treffen. Die Person erkennt, dass die Märkte oft von Emotionen getrieben sind und dass kurzfristige Schwankungen nicht immer mit den langfristigen Fundamentaldaten übereinstimmen. Ein Beispiel hierfür wäre, wenn der Aktienmarkt aufgrund eines unerwarteten Ereignisses, wie eine Wirtschaftskrise oder politische Unsicherheiten, stark einbricht. Eine emotional intelligente Investorin bzw. ein entsprechend intelligenter Investor könnte die Anlagestrategie überdenken, aber anstatt in Panik zu verfallen und die gesamten Aktien zu verkaufen, würde sie bzw. er möglicherweise ihre bzw. seine Positionen neu bewerten, die Diversifikation überprüfen und die langfristigen Ziele im Auge behalten.

7.2 Emotionsregulation – ein Überblick

Emotionsregulation meint die Kompetenzen einer Person, ihre Emotionen so selbstständig wie möglich zu erkennen, zu verstehen und gezielt zu beeinflussen oder zu regulieren. Es ist ein Prozess, durch den Menschen ihre Emotionen auf eine gesunde und angemessene Weise verarbeiten und ausdrücken können, statt sich den Emotionen hilflos auszusetzen. Die Emotionsregulation ermöglicht es, mit emotionalen Herausforderungen verschleißarm umzugehen und Reaktionen auf verschiedene Situationen anzupassen und so Gefühle zu regulieren, dass sie das Wohlbefinden und die Beziehungen positiv beeinflussen können. Wichtig hierfür sind fünf grundlegende *Möglichkeiten und Prinzipien:*

1. *Bewusstsein und Achtsamkeit:* Die Fähigkeit, sich der eigenen Emotionen und der Umstände, die sie auslösen, bewusst zu sein, ist der erste Schritt zur Emotionsregulation. Achtsamkeitstraining und Selbstreflexion können dabei helfen, sich mit den eigenen Gefühlen vertraut zu machen.
2. *Kognitive Umstrukturierung:* Diese Technik beinhaltet das Überdenken oder Neubewerten von negativen Gedanken, die zu belastenden Emotionen führen können. Indem man negative Denkmuster identifiziert und sie durch realistischere oder positivere Gedanken ersetzt, kann man seine Emotionen besser regulieren.
3. *Problemlösung:* Die gezielte Auseinandersetzung mit den Ursachen von unangenehmen Emotionen und das Finden konstruktiver Lösungen können dazu beitragen, die emotionale Belastung zu reduzieren.
4. *Umlenkung und Entspannung:* Sich bewusst von stressigen Situationen ablenken oder Techniken wie Meditation, Atemübungen oder Sport anwenden, um eine beruhigende Wirkung zu erzielen, kann ebenfalls Teil der Emotionsregulation sein.
5. *Soziale Unterstützung:* Der Austausch mit anderen Menschen und das Teilen von Gefühlen kann dazu beitragen, Emotionen zu verarbeiten und zu regulieren.

> **Exkurs: Bifokale Achtsamkeit nach Dirk Eilert (2021): „Integratives Emotionscoaching mit emTrace"**
>
> Erkenntnisse aus der Gehirnforschung zeigen, warum bestimmte Interventionen im Emotionscoaching und in der Psychotherapie wirksamer sind als andere. Hierzu gehören zum Beispiel Klopftechniken oder die schnellen Augenbewegungen im EMDR (Eye Movement Desensitization and Reprocessing). Diese Studienergebnisse haben bereits heute unser Verständnis und die Anwendung des Emotionscoachings grundlegend verändert. Dabei spielen das Zwei-Funktionsnetzwerke-Modell und das Modell der neuroviszeralen Integration zentrale Rollen.

Ein Fokus, zwei Reize: Ein ausschlaggebender Faktor ist dabei die bifokale Achtsamkeit, also die Fokussierung auf zwei Reize zu gleicher Zeit. Diese bifokale Achtsamkeit kann nicht nur durch die Anwendung schneller Augenbewegungen erzeugt werden, sondern auch durch andere Interventionen. Dies lässt sich vergleichen mit einem Herz-Kreislauf-Training, bei dem verschiedene Aktivitäten wie Joggen, Radfahren, Schwimmen oder Nordic-Walking zum Einsatz kommen können, um das Herz zu stärken. Sobald das zugrunde liegende Prinzip verstanden ist, kann die Methode flexibel je nach Situation und Bedarf angewandt werden. Im Emotionscoaching ist die entscheidende Grundlage für die Regulation von Emotionen die bifokale Achtsamkeit. Dieses Verständnis ermöglicht es dem Emotionscoach, die Interventionen individuell an das spezifische Thema und die jeweiligen Klientinnen und Klienten anzupassen und somit flexibler zu agieren.

Zweimal 100 Prozent: „Bifokale Achtsamkeit" bedeutet, dass ein Mensch seine Aufmerksamkeit gleichzeitig auf zwei Reize richtet, zum Beispiel eine innere Erinnerung und einen äußeren Reiz oder zwei innere Reize. Studien deuten darauf hin, dass die duale Aufmerksamkeitsfokussierung, bei der die Aufmerksamkeit zwischen einem inneren und einem äußeren Reiz aufgeteilt wird, für die Emotionsregulation wirksamer ist (Sack & Stingl, 2019). Dabei spielt es anfangs keine Rolle, ob der externe Reiz bewegt oder fixiert ist. Durch die Bifokalität steigt die kognitive Anforderung, wodurch das zentrale Steuerungsnetzwerk im Gehirn aktiviert wird und somit ein übersteuertes Stressnetzwerk oder Belohnungsnetzwerk im limbischen System abgeschwächt wird.

Die dominierende Erklärung für die Wirkungsweise der EMDR-Intervention liegt aktuell in der Aktivierung des frontoparietalen Netzwerks durch die Bifokalität und nicht allein in den Augenbewegungen, wie es auch die verstorbene EMDR-Begründerin Francine Shapiro feststellte. Dieses Prinzip der frontoparietalen Aktivierung kann auch durch andere bifokale Reize, wie das Fixieren eines Punktes im Raum, erzielt werden (Landin-Romero et al., 2018). Es bleibt jedoch die Frage, warum die bloße Fixierung des Blicks auf einen Punkt im Raum eine Aktivierung des frontoparietalen Netzwerks im Gehirn bewirkt, obwohl die entscheidende Wirkung auf der gesteigerten kognitiven Anforderung durch die Bifokalität beruht.

Eine praktische Annäherung
Für die Praxis bedeutet dieser Exkurs, dass du die Möglichkeit hast, gleichzeitig zwei Reize zu betrachten. Normalerweise gelingt uns dies nicht bewusst und wir nehmen alles der Reihe nach wahr. Aber Tatsache ist, dass unsere Umwelt und unser Innenleben mit allen ihren bzw. seinen Facetten immer und zu jederzeit präsent sind. Das heißt, es geht weniger um die Reize an sich, sondern darum, wie wir mit unserer Aufmerksamkeit umgehen.

Indem man die Aufmerksamkeit auf einen Punkt im Raum richtet und gleichzeitig die eigenen Emotionen beobachtet, können belastende Gefühle oder Erinnerungen allmählich an Intensität verlieren. Diese Methode kann helfen, emotionalen Stress zu reduzieren, belastende Erinnerungen zu verarbeiten und eine bessere emotionale Balance zu erreichen.

Die Fokussierung auf einen Punkt im Raum ist nur eine von vielen Methoden der bifokalen Achtsamkeit. Individuelle Präferenzen und Bedürfnisse sollten berücksichtigt werden. Die Wirksamkeit dieser Methode kann von Person zu Person variieren, und es ist ratsam, sie unter Anleitung eines qualifizierten Emotionscoaches oder Therapeutinnen und Therapeuten anzuwenden.

Hier sind weitere fünf Möglichkeiten, wie du mit bifokaler Achtsamkeit arbeiten kannst:

1. *Schnelle Augenbewegungen:* Diese Technik ähnelt der EMDR-Methode (Eye Movement Desensitization and Reprocessing) und beinhaltet das bewusste Bewegen der Augen in schnellen horizontalen oder vertikalen Bewegungen, während belastende Emotionen oder Erinnerungen wahrgenommen werden. Diese Augenbewegungen sollen dazu beitragen, eine duale Aufmerksamkeitsfokussierung zu erzeugen und die Verarbeitung von emotionalen Inhalten zu unterstützen.

2. *Bifokale Atmung:* Bei dieser Übung konzentrierst du dich auf deine Atmung und spürst bewusst den Atemfluss in deinem Körper. Gleichzeitig werden belastende Emotionen oder Gedanken wahrgenommen.
3. *Bodyscan:* Hierbei wird die Aufmerksamkeit sanft durch den Körper geführt, um körperliche Empfindungen und emotionale Zustände wahrzunehmen. Indem du bewusst die Verbindung zwischen körperlichen Empfindungen und Emotionen herstellst, kannst du eine duale Aufmerksamkeitsfokussierung erreichen und die emotionale Balance fördern.
4. *Sinnliche Wahrnehmung:* Diese Übung beinhaltet die bewusste Wahrnehmung von äußeren Sinneseindrücken wie Geräuschen, Gerüchen, Geschmäckern oder taktilen Empfindungen, während gleichzeitig innere emotionale Zustände erfasst werden. Die Kombination der sinnlichen Wahrnehmung mit der Wahrnehmung von Emotionen kann zu einer erhöhten Achtsamkeit und emotionalen Regulation führen.
5. *Visualisierung:* Hierbei stellt man sich einen beruhigenden oder positiven Ort oder eine Situation vor und nimmt gleichzeitig belastende Emotionen oder Gedanken wahr. Die duale Aufmerksamkeitsfokussierung zwischen der inneren Visualisierung und den emotionalen Inhalten kann dazu beitragen, eine bessere Balance herzustellen.

7.3 So regulierst du Emotionen richtig

In der Emotionsforschung meint „Regulation" den Prozess, mit dem Menschen ihre Emotionen so souverän wie möglich beeinflussen, steuern oder modulieren können. Es handelt sich um die Fähigkeit, Emotionen bewusst zu erkennen, zu verstehen und zu beeinflussen, um angemessene Reaktionen auf verschiedene Situationen zu ermöglichen. Angemessenheit meint hierbei wiederum eine Reflexion der tatsächlichen Ziele. Was für den einen angemessen ist, ist für eine andere Person unangemessen, einfach nur weil Werte und Ziele anders sind. Auch der situative Kontext spielt eine Rolle! Manchmal ist es angemessen, wütend zu sein und diese Wut auch deutlich zu zeigen. Manchmal ist es aber eben auch angemessen, die Wut zu verbergen oder sie bereits im Stadium ihres Entstehens zu reduzieren oder ganz zu transformieren.

Steuermann der eigenen Emotionen sein
Daher umfasst die Emotionsregulation eine Vielzahl von Strategien und Mechanismen, die genutzt werden können, um Emotionen zu modulieren. Diese Ansätze und Prinzipien können bewusst oder unbewusst angewendet werden. Gängige Formen der Emotionsregulation sind in Abb. 7.1 dargestellt. Zur Erläuterung von Abb. 7.1:

Umbewertung: Hierbei handelt es sich um die bewusste Uminterpretation oder Neubewertung einer Situation, um die emotionale Reaktion zu beeinflussen. Indem man die Perspektive ändert oder den Fokus auf andere Aspekte lenkt, kann man versuchen, unangenehme Emotionen zu verringern oder angenehme Emotionen zu verstärken.

Unterdrückung: Bei dieser Strategie versucht man, die äußere Manifestation von Emotionen zu kontrollieren, indem

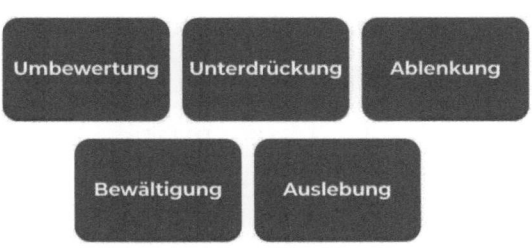

Abb. 7.1 Emotionsregulation

man ihre Ausdruckskraft verringert. Man unterdrückt beispielsweise bewusst das Zeigen von Angst oder Traurigkeit, um nach außen hin ruhig oder gelassen zu wirken.

Ablenkung: Hierbei lenkt man die Aufmerksamkeit bewusst von der emotionalen Reizquelle ab, um die emotionale Reaktion zu reduzieren. Indem man sich auf andere Aktivitäten oder Gedanken konzentriert, kann man versuchen, unerwünschte Emotionen zu überwinden oder zu verringern.

Bewältigung: Bewältigungsstrategien umfassen verschiedene Techniken, um mit emotional belastenden Situationen umzugehen. Dazu gehören zum Beispiel das Teilen von Emotionen mit anderen, das Aufsuchen sozialer Unterstützung, das Entspannen oder das Ausüben von körperlicher Aktivität, um Stress abzubauen.

Auslebung: Dies kann vorsichtig bis radikal geschehen. Emotionen werden unmittelbar ausgelebt, wodurch gewissermaßen eine innere Entladung erfolgt. Traurige Menschen lassen ihren Tränen freien Lauf. Ein anderes Beispiel ist ein spontanes und intensives Lachen in einer heiteren Situation.

Um diese oder auch ganz andere Möglichkeiten nutzen zu können, benötigst du ein entsprechendes Emotionsbewusstsein (siehe Abb. 7.2), also die Fähigkeit, zunächst deine Emotionen bewusst wahrzunehmen, zu erkennen und zu verstehen. Später kannst du dies auch mit den Emotionen anderer Menschen angehen. Wichtig ist, dass du Emotionen richtig bzw. angemessen identifizieren kannst und ihre Intensität, Qualität und Ursachen erfassen kannst.

Ein Beispiel aus der Sportwelt für diese Aspekte ist der Tennisspieler Roger Federer, einer der erfolgreichsten Tennisspieler aller Zeiten. Er hat diese emotionalen Fähigkeiten in vielen seiner Matches demonstriert:

Emotionsbewusstsein: Roger Federer ist bekannt dafür, dass er seine Emotionen gut wahrnimmt und versteht. Er zeigt oft

Abb. 7.2 Emotionsbewusstsein

offen seine Frustration oder Freude während eines Spiels, indem er seine Gesichtsausdrücke und Körpersprache zeigt.

Emotionsakzeptanz: Er akzeptiert seine Emotionen, besonders in kritischen Momenten während eines Matches. Wenn er einen Punkt verliert oder einen Fehler macht, zeigt er oft Enttäuschung, aber er akzeptiert diese Emotionen als Teil des Spiels und lässt sie zu, ohne sich selbst dafür zu verurteilen.

Emotionsbeobachtung: Federer ist auch in der Lage, die Emotionen seiner Gegner zu beobachten und zu erkennen. Er analysiert ihre Körpersprache und Gesichtsausdrücke, um ihre emotionalen Zustände zu verstehen und möglicherweise taktische Vorteile daraus zu ziehen.

Kognitive Umstrukturierung: In schwierigen Situationen kann Roger Federer seine Denkweise ändern, um seine emotionalen Reaktionen zu beeinflussen. Er erinnert sich oft an seine vergangenen Erfolge und positive Momente, um sein Selbstvertrauen zu stärken und eine positive Einstellung zu bewahren.

Aufmerksamkeitslenkung: Wenn Federer in einem engen Match ist, kann er seine Aufmerksamkeit bewusst auf seine Spielstrategie, seine Technik oder seine Atmung lenken, um seine Nerven zu beruhigen und den Fokus zu behalten.

Emotionsmodulation: Federer kann die Intensität seiner Emotionen steuern, indem er bewusst an seiner Energie arbeitet. Er nutzt oft sein charakteristisches Ritual, bei dem er sich vor dem Aufschlag den Schweiß aus dem Gesicht wischt und seine Haare zurückkämmt, um sich zu beruhigen und seine Konzentration wiederherzustellen.

Federer zeigt diese emotionalen Fähigkeiten während seiner Matches, insbesondere in entscheidenden Momenten, was ihm geholfen hat, viele schwierige Spiele zu gewinnen und eine bemerkenswerte Karriere zu haben. Seine Fähigkeit, mit Emotionen umzugehen und sie in positive Energie umzuwandeln, ist ein beeindruckendes Beispiel für emotionale Intelligenz im Tennissport.

7.4 Die fünf Felder emotionaler Intelligenz

Die Kompetenzen zur emotionalen Regulation ergeben sich aus den fünf Handlungsfeldern bzw. Funktionen der emotionalen Intelligenz. Diese Felder sind:

- Selbstbeherrschung,
- Motivation,

- Sozialkompetenz,
- Empathie und
- Selbsterkenntnis.

Der Experte für emotionale Intelligenz Ryan Goleman (2022) führt zu diesen fünf Feldern aus:

Selbstbeherrschung beinhaltet die Fähigkeit, Impulse zu kontrollieren und vor dem Handeln und Reagieren nachzudenken. Sie umfasst auch das Vermögen, sich angemessen in verschiedenen Situationen auszudrücken. Emotionale Reife bedeutet, Verantwortung für das eigene Verhalten zu übernehmen, sich an neue Situationen anzupassen und angemessen auf die Behandlung durch andere zu reagieren. Dies beinhaltet auch die Fähigkeit, zu verstehen, dass Menschen wütend sein können oder das Bedürfnis haben, ihre Emotionen auszudrücken, ohne es als persönlichen Angriff zu betrachten.

Motivation bezieht sich auf das Interesse am Lernen und an der persönlichen Entwicklung sowie auf die Fähigkeit, trotz Hindernissen voranzukommen. Es erfordert Engagement für Aufgaben und die Bereitschaft, Initiative zu ergreifen.

Soziale Kompetenzen umfassen die Fähigkeit, Sarkasmus zu ertragen, Humor zu haben, Beziehungen zu pflegen, auch unter Druck einen guten Service zu bieten und Gemeinsamkeiten mit anderen zu finden. Diese Fähigkeiten beinhalten nicht nur effektive Kommunikation, sondern auch Zeitmanagement, Führungsqualitäten und die Fähigkeit, schwierige Situationen zu bewältigen.

Empathie und andere soziale Kompetenzen meinen, die Reaktionen und Emotionen anderer zu verstehen, was durch eine Erkenntnis der eigenen Emotionen erreicht wird. Empathische Menschen zeigen oft Selbstironie und sind sich bewusst, wie sie von anderen wahrgenommen werden. Sie interessieren sich für die Probleme und Sorgen anderer und können die emotionale Reaktion anderer auf bestimmte Situationen vorhersehen.

Intelligenz heißt, verstehen und handeln zu können

Die *emotionale Intelligenz* ist grundlegend, da sie dazu beiträgt, ein ausgeglichenes Leben zu führen. Sie unterstützt nicht nur die geistige Gesundheit, sondern auch die körperliche Gesundheit, indem sie bei der Bewältigung von Stress hilft und die Einstellung zur Realität beeinflusst. Ein besseres Verständnis des eigenen emotionalen Quotienten kann auch bei psychischen Problemen hilfreich sein und zu einer positiven Lebenseinstellung beitragen, was sich wiederum auf Beziehungen, Ehen und Freundschaften auswirken kann. Durch das Erkennen und Verstehen der Gefühle anderer kann sie auch bei der Konfliktlösung und der Bewältigung von Stresssituationen hilfreich sein. Dies setzt aber auch Selbsterkenntnis als einen dynamischen Prozess voraus, weshalb es von entscheidender Bedeutung ist, die eigenen Emotionen zu erkennen und zu durchschauen.

In der Geschäfts- oder Berufswelt ermöglicht emotionale Intelligenz eine erfolgreiche Verhandlungsführung und eine motivierende Führungskraft zu sein. Dadurch können Ziele klarer formuliert, Selbstvertrauen gestärkt und Prokrastination reduziert werden. Emotionale Intelligenz hilft auch dabei, eine starke Bindung zu Mitarbeitern aufzubauen und erfolgreich mit anderen zu kommunizieren, was in der heutigen interkulturellen Arbeitswelt von großer Bedeutung ist. Auch wenn die emotionale Intelligenz noch nicht vollständig erforscht ist, gilt allgemein als anerkannt, dass sie eine entscheidende Rolle für die Qualität unseres Lebens spielt. Sie befähigt uns, unsere Emotionen zu steuern und zu verstehen, um sie zu unserem Vorteil zu nutzen. In der Geschäftswelt kann sie den Unterschied ausmachen, da sie eine harmonische Zusammenarbeit mit Kollegen ermöglicht und angesichts der interkulturellen Dynamik von Arbeitsgruppen unverzichtbar ist.

Auch im Golfsport spielen diese fünf Felder zentrale Rollen. Ein herausragendes Beispiel für die Praxis hoher emotionaler Intelligenz ist der weltweit bekannte Golfer Tiger Woods:

Er hat ein immenses Selbstbewusstsein, das ihm half, auch in schwierigen Situationen Ruhe und Selbstvertrauen zu bewahren. Er war sich seiner eigenen Stärken und Fähigkeiten bewusst und wusste, dass er stets auf höchstem Niveau zu spielen vermochte. Er zeigte eine bemerkenswerte Fähigkeit, seine Emotionen unter Kontrolle zu halten. Golf ist ein Sport, der Geduld und Konzentration erfordert, und Woods war bekannt dafür, auch in stressigen Momenten ruhig zu bleiben und sich nicht von äußeren Umständen oder Rückschlägen ablenken zu lassen. Impulsartige Reaktionen hätten hier das Aus bedeutet.

Zielfokus und Interaktionen
Woods war äußerst motiviert und hatte einen starken Ehrgeiz, kontinuierlich an seiner Leistung zu arbeiten und sich zu verbessern. Sein Antrieb, immer wieder neue Rekorde zu brechen und Turniere zu gewinnen, trieb ihn an, hart zu trainieren und sich auf seine Ziele zu fokussieren. Obwohl Golf ein individueller Sport ist, erfordert er dennoch Interaktionen mit anderen Menschen, wie zum Beispiel Caddies, anderen Spielerinnen und Spielern und Fans. Woods zeigte Empathie, indem er sich in die Lage anderer versetzen konnte und Respekt und Wertschätzung für seine Mitmenschen zeigte. Er hatte auch gute soziale Fähigkeiten und konnte sich in Teams und bei öffentlichen Auftritten angemessen präsentieren. Nicht zu vergessen: Golf ist ein Sport, der mit hohem Druck und Stress verbunden sein kann, insbesondere auf professionellem Niveau. Woods war bekannt für seine Fähigkeit, unter Druck sein Bestes zu geben. Er entwickelte Strategien zur Stressbewältigung und konnte sich auf das konzentrieren, was im Moment wichtig war, anstatt sich von äußeren Ablenkungen oder Druck ablenken zu lassen.

7.5 Einflüsse beachten und nutzen!

Die Entwicklung und Ausprägung der emotionalen Intelligenz und damit einher die Möglichkeiten der Regulation sind eng mit einer Vielzahl von Einflussfaktoren verknüpft, die die Art und Weise prägen, wie wir unsere Emotionen erkennen, verstehen, ausdrücken, regulieren und nutzen. Diese Faktoren tragen gemeinsam dazu bei, wie wir uns selbst wahrnehmen, in zwischenmenschlichen Beziehungen agieren und mit den Herausforderungen des Lebens umgehen. Biologische Gegebenheiten spielen eine Rolle, indem sie eine individuelle Anfälligkeit für die Verarbeitung von Emotionen und die neurochemische Basis unseres emotionalen Erlebens beeinflussen können. Unser genetisches Erbe und die Art und Weise, wie unser Gehirn Emotionen verarbeitet, formen eine Grundlage für unsere emotionale Intelligenz. Das heißt nicht, dass die Dinge unveränderbar wären und man sozusagen Sklave der eigenen Gene sei. Entscheidend ist, dass es eine Fülle an Determinanten gibt, nicht nur Gene! Erfahrungen und Lernen tragen beispielsweise ebenfalls wesentlich zur Entwicklung emotionaler Intelligenz bei. Positive zwischenmenschliche Erfahrungen, emotionale Erziehung und Vorbilder in unserem Umfeld prägen, wie wir mit unseren eigenen und den Emotionen anderer umgehen. Die Bewältigung von emotionalen Herausforderungen führt zu einem tieferen Verständnis unserer Emotionen und fördert somit unsere emotionale Intelligenz. Das Lernen kannst du mit einfachen Methoden in denen Alltag integrieren und so gezielt fördern. Gute Ansätze hierfür sind:

Selbstbeobachtung und Selbstreflexion
Setz dich regelmäßig hin und reflektiere über deine Emotionen. Frage dich, wie du dich in bestimmten Momenten gefühlt hast, warum du so empfunden hast und wie du da-

rauf reagiert hast. Diese bewusste Selbstbeobachtung ermöglicht es dir, Muster zu erkennen und ein tieferes Verständnis deiner Emotionen zu entwickeln.

Tagebuchführung
Führe ein Emotionstagebuch, in dem du deine täglichen Emotionen, Gedanken und Situationen festhältst. Dies hilft dir, Gefühle im Laufe der Zeit zu verfolgen und zu analysieren, wie sie sich entwickeln und beeinflussen. Du kannst die Emotionen und deine Assoziationen aufschreiben, malen oder in anderer Weise festhalten.

Empathie entwickeln
Versetze dich immer häufiger in die Lage anderer Menschen. Höre ihnen aktiv zu, versuche, ihre Perspektiven zu verstehen, und erkenne die Emotionen, die sie erleben könnten. Diese Übung fördert dein Empathievermögen und unterstützt deine Fähigkeit, die Emotionen anderer wahrzunehmen. Dadurch kannst du auch deine Emotionen besser einordnen und nachvollziehen.

Achtsamkeit und Meditation
Praktiziere gezielte Achtsamkeit und Meditation, um dein Bewusstsein für den gegenwärtigen Moment zu schärfen. Diese Techniken helfen, sich bewusster den Emotionen und Körperempfindungen zu stellen, was wiederum zur Regulation der Emotionen beiträgt. Man muss die Dinge kennen, bevor man sie steuern kann.

Feedback annehmen
Nimm die Reaktionen anderer an, auch wenn du mit diesen nicht einverstanden bist. So kannst du lernen, wie andere Menschen „ticken" und wie du dich verändern kannst. Außerdem hilft Feedback auch, dein Selbstbild zu verändern bzw. immer wieder zu reflektieren.

Empathische Kommunikation
Übe dich in der Kunst des empathischen Zuhörens und Sprechens. Achte darauf, wie du dich ausdrückst, und versuche, deine Emotionen klar und respektvoll zu kommunizieren. Das Bewusstsein für unsere eigenen Emotionen und die Fähigkeit zur Selbstreflexion sind grundlegend für die Möglichkeiten der emotionalen Regulation. Durch die Auseinandersetzung mit unseren Gefühlen, das Erkennen von Mustern und die Analyse, wie unser Verhalten auf andere wirkt, eröffnen sich Möglichkeiten zur Verbesserung der emotionalen Kompetenzen. Dabei sind soziale Interaktionen ein zentraler Bestandteil. Im Austausch mit anderen Menschen lernen wir Empathie, zwischenmenschliche Dynamiken zu erkennen und zu navigieren, Konflikte zu lösen und Beziehungen aufzubauen. Schließlich spielen auch gezieltes Training und Bildung eine wichtige Rolle. Durch Programme und Bildungsmaßnahmen können wir unsere Fähigkeiten zur emotionalen Intelligenz gezielt stärken und weiterentwickeln – zum Beispiel in Workshops oder Coachings.

7.6 Geht es auch ohne Strategie? – ein Blick in die Antike

Kurzum: Ja, aber nicht zielführend, produktiv, aktiv, gehaltvoll oder verantwortungsbewusst. Also die etwas längere Antwort: Nein, es geht nicht ohne Strategie, es sei denn, man hat generell kein Interesse daran, sein Leben zu verbessern. Wer seine Emotionen nicht im Griff hat, hat sein Leben nicht im Griff. Das heißt: Dieser Mensch setzt sich den Unwägbarkeiten aus. Hier gibt es dann zwei Möglichkeiten: Entweder hat dieser Mensch ein so stoisches Herz, dass alles, was geschieht, an ihm wirklich vorbeiziehen kann. Oder dieser Mensch wird sich im Chaos verlieren und leiden, sehr stark leiden. Er kann nicht anders, als den vermeintlich angenehmen Emotionen nachhaschen und vor den unangenehmen flüchten.

Die stoische Ruhe kultivieren
Übrigens: Die antiken Stoiker konnten auch nicht sofort alles in Ruhe annehmen. Auch sie mussten regulieren und an sich arbeiten! Die Stoa war eine philosophische Schule, die ihren Ursprung im antiken Griechenland hatte und später im Römischen Reich weit verbreitet war. Sie lehrte eine Lebensphilosophie, die darauf abzielte, innere Ruhe, Weisheit und Tugendhaftigkeit zu erreichen, indem man sich mit den Gesetzen der Natur und der Vernunft in Einklang brachte. Die Stoa betonte die Kontrolle über die eigenen Emotionen, die Akzeptanz von Dingen, die außerhalb der eigenen Kontrolle liegen, und die Entwicklung von Mitgefühl und Verständnis für andere. Sie lehrten, dass unangenehme Emotionen wie Wut, Angst und Begierde aufgrund von Fehlurteilen und irrationalen Annahmen entstehen würden. Durch die Anwendung von Vernunft und Logik könne man diese Emotionen überwinden. Und es erscheint doch sehr vernünftig, rational mit Emotionen umzugehen, oder? In welchen Momenten gelingt es dir, rational mit Emotionen umzugehen? In welchen Momenten gelingt es dir nicht?

> **Eine kleine „antike" Anekdote**
>
> In den belebten Straßen einer antiken Stadt wandelt ein Mann namens Marcus, dessen Blick von einem sanften Glanz der Melancholie getrübt wird. Er ist von einer inneren Unruhe erfasst, die seine Gedanken in eine verworrene Spirale der Emotionen zieht. Marcus ist tief in den Lehren der Stoa

verwurzelt. Die Stoa hat Marcus gelehrt, dass wahre Tugend in der Kontrolle über die eigenen Emotionen liegt. Doch heute scheint diese Kontrolle unerreichbar. Ein Sturm aus Wut und Frustration tobt in seinem Inneren, als er auf eine Situation stößt, die er nicht beeinflussen kann – eine ungerechte Handlung, die ihn mit einem bitteren Geschmack von Unrecht erfüllt. Er spürt, wie sein Herz schneller schlägt und seine Hände sich zu Fäusten ballen, während er gegen die aufsteigende Flut der Emotionen ankämpft. Die Worte der Stoiker drängen sich in sein Bewusstsein, als er verzweifelt versucht, die Lehren anzuwenden, die er so eifrig studiert hat. „Akzeptiere, was du nicht ändern kannst!", flüstert er sich selbst zu. Aber es ist schwer, sich von der Wut zu lösen, die wie ein wildes Tier in ihm tobt. Er spürt den Druck in seiner Brust, als ob eine unsichtbare Last auf ihm lasten würde, und er fragt sich, ob er jemals in der Lage sein würde, die Gelassenheit zu erreichen, von der die Stoa spricht. Doch dann erinnert er sich an die Idee der kosmischen Ordnung – die Vorstellung, dass die Welt von einer unveränderlichen, harmonischen Struktur durchzogen ist. Dieser Gedanke wirkt wie ein ruhender Anker in seinem stürmischen Inneren. Die Melodie der Stoa klingt lauter als er sich vorstellt, wie winzige Teile eines größeren Ganzen, das sich jenseits seiner Kontrolle erstreckt. Eine Welle von Verständnis und Mitgefühl durchströmt ihn, als er erkennt, dass jeder Mensch mit seinen eigenen Kämpfen zu kämpfen hat. Die Wut in Marcus beginnt allmählich abzuklingen, während er sich auf seine Atmung konzentriert und die Lehren der Stoa auf sich wirken lässt. Er erkennt, dass seine Emotionen nicht seine Identität definieren, sondern lediglich vorübergehende Zustände sind. Die strahlende Sonne am Himmel, die sich durch die Wolken kämpft, scheint ihn zu umarmen und ihm eine Ahnung von innerem Frieden zu schenken. Mit jedem ruhigen Atemzug fühlt sich Marcus näher an der stoischen Weisheit. Er mag zwar nicht vollkommen frei von Emotionen sein, aber er hat einen Schritt in Richtung Gelassenheit gemacht. Sein Blick klärt sich und ein zartes Lächeln berührt seine Lippen, als er seinen Weg fortsetzt – ein Schüler der Stoa, der trotz der Stürme seiner Emotionen danach strebt, ein Leben in Einklang mit der Natur und der eigenen inneren Wahrheit zu führen.

Die Anekdote gibt uns Hinweise auf fünf handfeste Strategien und Techniken:

Affektenlehre

Die Affektenlehre ist ein zentrales Element der Stoa. Sie beinhaltet die Fähigkeit, Emotionen zu erkennen, zu verstehen und zu kontrollieren. Marcus versuchte, seine aufsteigenden Emotionen zu analysieren und zu erkennen, dass sie aufgrund von Fehlurteilen und irrationalen Annahmen entstanden. Indem er seine Emotionen hinterfragte und ihre Ursachen verstand, konnte er einen Schritt in Richtung Kontrolle über sie machen.

Akzeptanz des Unveränderlichen

Die Stoa lehrt die Akzeptanz von Dingen, die außerhalb unserer Kontrolle liegen. Indem Marcus die ungerechte Handlung akzeptierte und erkannte, dass er sie nicht ändern konnte, versuchte er, den Stoiker-Gedanken der Gelassenheit zu praktizieren. Dies half ihm, sich von übermäßiger Frustration und Wut zu befreien.

Kosmopolitismus und Mitgefühl

Die Stoiker betonten die Idee des kosmopolitischen Denkens – dass alle Menschen Teil einer gemeinsamen Menschheit sind. Marcus fand Trost darin, Mitgefühl für die anderen Beteiligten in der Situation zu entwickeln, indem er sich vorstellte, welche Kämpfe und Herausforderungen sie möglicherweise erlebten. Dies half ihm, seine Emotionen in eine Perspektive zu rücken.

Rationale Überlegung

Ein grundlegendes Prinzip der Stoa ist die Betonung der Vernunft und des rationalen Denkens. Marcus wandte rationale

Überlegungen an, um seine Gedankenmuster zu analysieren und zu überwinden. Indem er die Lehren der Stoa auf sein eigenes Verhalten anwandte, versuchte er, seine Emotionen durch rationale Reflexion zu beeinflussen.

Atem- und Achtsamkeitsübungen
Stoiker praktizierten auch Atem- und Achtsamkeitsübungen, um ihre Gedanken zu beruhigen und im gegenwärtigen Moment zu verweilen. Marcus' Fokus auf seine Atmung half ihm, sich zu zentrieren und eine gewisse Distanz zu seinen Emotionen zu schaffen. Wenn wir uns ohne Strategie, ohne Bewusstsein, unseren Emotionen ausliefern, unterliegen wir mehreren Angriffspunkten bzw. Problemen:

Es gibt Schwierigkeiten bei der Emotionsregulation: Wenn man keine effektiven Strategien zur Regulation von Emotionen entwickelt hat, kann dies zu einer Überflutung von unangenehmen Emotionen führen. Dadurch kann es schwierig sein, angemessen auf Emotionen zu reagieren und mit Stresssituationen umzugehen. Dies kann zu erhöhtem emotionalem Stress, Angstzuständen oder Depressionen führen. Selbiges gilt für den Umgang mit positiven Emotionen! Auch diese müssen kontrolliert werden, damit sie keinen Schaden anrichten.

Es kommt zu Problemen in zwischenmenschlichen Beziehungen: Emotionale Intelligenz spielt eine wichtige Rolle in sozialen Beziehungen. Wenn man nicht in der Lage ist, die eigenen Emotionen zu erkennen, zu verstehen und angemessen auszudrücken, kann dies zu Missverständnissen, Konflikten und gestörten Beziehungen führen. Es bilden sich Schwierigkeiten, Empathie zu zeigen und die Emotionen anderer Menschen zu verstehen, was ebenfalls zu Problemen in der Kommunikation und im zwischenmenschlichen Verhalten führen kann.

Im Privat- und Berufsleben fehlen Problemlösungsfähigkeiten: Emotionale Intelligenz auch die Fähigkeit, effektive Problemlösungsstrategien zu finden und anzuwenden. Wenn man Schwierigkeiten hat, seine eigenen Emotionen zu regulieren, und aufgrund überwältigender Emotionen nicht klar denken kann, so kann dies die Fähigkeit zur rationalen Problemlösung beeinträchtigen. Dies kann zu impulsiven oder unüberlegten Handlungen führen, die langfristig negative Konsequenzen haben können.

Ebenso ist ein mangelhaftes persönliches Wohlbefinden eine logische Folge: Emotionale Intelligenz bzw. die Regulationsfähigkeit trägt zu einem positiven emotionalen Zustand und persönlichem Wohlbefinden bei. Die Missachtung der Strategien emotionaler Intelligenz kann zu einer anhaltenden Unzufriedenheit, emotionaler Instabilität und einem Gefühl der Entfremdung von den eigenen Gefühlen führen. Dies kann sich negativ auf die allgemeine Lebensqualität und das psychische Wohlbefinden auswirken.

Ein Beispiel aus dem Bereich Tennis, das die stoischen Prinzipien illustriert, ist der Tennisprofi Roger Federer. Er ist einer der erfolgreichsten Tennisspieler aller Zeiten und hat oft mit Stoizismus-ähnliche Qualitäten in seinem Spiel und seiner Einstellung piliert.

Stell dir vor, Federer tritt in einem entscheidenden Spiel eines Grand-Slam-Turniers an. Er hat den ersten Satz verloren und steht vor einer Herausforderung. In dieser Situation könnte er stoische Prinzipien anwenden, um mit Emotionen und Druck umzugehen:

Affektenlehre: Federer erkennt die aufsteigende Frustration über den verlorenen Satz. Er versteht, dass diese Emotionen seine Leistung im nächsten Satz beeinträchtigen könnten. Indem er sich dieser Emotionen bewusst wird, kann er versuchen, sie zu kontrollieren und sich auf das nächste Spiel zu konzentrieren.

Akzeptanz des Unveränderlichen: Federer akzeptiert den Verlust des ersten Satzes als Teil des Spiels. Er konzentriert sich darauf, die Dinge zu akzeptieren, die außerhalb seiner Kontrolle liegen, wie zum Beispiel das vergangene Ergebnis. Er hakt es so schnell wie möglich ab und kann weiterziehen.

Kosmopolitismus und Mitgefühl: Während er sich für den nächsten Satz vorbereitet, denkt Federer an seinen Gegner und erinnert sich daran, dass beide Spieler ähnlichem Druck ausgesetzt sind und ähnliche Ziele haben. Er entwickelt Mitgefühl für seinen Gegner und erinnert sich daran, dass beide Teil desselben Wettbewerbs sind.

Rationale Überlegung: Federer analysiert seinen Spielstil und seine Strategie im ersten Satz. Er sucht nach Möglichkeiten zur Verbesserung und zur Anpassung seiner Taktik, anstatt sich auf Schuldzuweisungen oder negative Gedanken zu konzentrieren.

Atem- und Achtsamkeitsübungen: Zwischen den Sätzen verwendet Federer Atemübungen, um sich zu beruhigen und im Moment zu bleiben. Dies hilft ihm, sich von ablenkenden Gedanken zu lösen und sich auf das bevorstehende Spiel zu konzentrieren.

Literatur

Landin-Romero, R., Moreno-Alcazar, A., Pagani, M., & Amann, B. L. (2018). How does eye movement desensitization and reprocessing therapy work? A systematic review on suggested mechanisms of action. *Frontiers in Psychology, 9.* https://doi.org/10.3389/fpsyg.2018.01395

Sack, M., & Stingl, M. (2019). Traumakonfrontative Behandlung mit EMDR – neue Entwicklungen und Studienergebnisse. *PiD – Psychotherapie im Dialog, 20*(02), 61–65.

Weiterführende Literatur

Aurel, M. (2023). *Selbstbetrachtungen; übersetzt und herausgegeben von Gernot Krapinger*. Reclam.

Brennan, T. (2005). *The stoic life*. Oxford University Press.

Clarey, C. (2022). *Der Maestro – Roger Federer*. Edel Verlagsgruppe.

DeSteno, D. (2019). *Emotional success*. Mariner Books.

Eilert, D. (2021). *Integratives Emotionscoaching mit emTrace*. Junfermann Verlag.

Eilert, D., & Langwara, R. (2022). *Die Kraft der Emotionen – Resilient und stressfrei mit Mesource*. Junfernmann Verlag.

Ekman, P. (2017). *Gefühle lesen – Wie Sie Emotionen erkennen und richtig interpretieren*. Springer.

Flies, E. (2020). *Embodiment und Emotionen im Coaching 4.0*. Springer.

Forschner, M. (2018). *Die Philosophie der Stoa. Logik, Physik und Ethik*. Theiss/WBG.

Gleißner, G. (2023). *Gesund leben mit dem Stoizismus. Wie Sie durch die Philosophie der alten Stoiker seelisch und körperlich gesund bleiben*. FinanzBuch Verlag.

Goleman, R. (2022). Die 7 Säulen der EMOTIONALE INTELLIGENZ. 4 BÜCHER IN 1 | Positives Denken: Selbstliebe & Führungskraft. Ausdrucksweise Verbessern: Kognitive Verhaltenstherapie, NLP, Dunkle Psychologie & Manipulation. Independently published.

Hansen, H., Mikoleit, B., Spreckels, C., & Westbrock, S. (2011). *Der Weg zum Sieg – Optimale Leistungssteigerung durch Charaktertraining*. Pietsch Verlag.

Hergovich, A. (2022). *Allgemeine Psychologie – Wahrnehmung und Emotion*. Facultas.

Laborde, S., Furley, P., Musculus, L., & Ackermann, S. (2017). *Emotionale Intelligenz im Sport*. Meyer & Meyer Verlag.

Schiewer, G. (2014). *Studienbuch Emotionsforschung. Theorien, Anwendungsfelder, Perspektiven*. Wissenschaftliche Buchgesellschaft.

Schmidt-Atzert, L., Peper, M., & Stemmler, G. (2014). *Emotionspsychologie. Ein Lehrbuch*. W. Kohlhammer GmbH.

Schwarz, L. (2023). *Die Wissenschaft der Emotionen – Wie sie entstehen und wie man sie reguliert.* tredition – Jaltas Books.
Von Kunhardt, M. (2020). *Mentalgiganten – Was wahre Stärke wirklich ausmacht.* Campus Verlag.
Windscheid, L. (2021). *Besser fühlen – Eine Reise zur Gelassenheit.* Rowohlt Verlag.

8

Die Kraft der Emotionen – abschließende Worte

Sport, Investment oder Führungsarbeit sind nur drei Bereiche, in denen emotionale Intelligenz und Regulation entscheidende Faktoren sind, die über Erfolg und Misserfolg entscheiden. In jedem dieser Bereiche braucht es die Fähigkeit, Emotionen zu erkennen, zu verstehen und effektiv zu steuern.

Gerade im *Leistungs- bzw. Spitzensport* ist emotionale Intelligenz ein Schlüsselfaktor, um Bestleistungen abzurufen. Die Fähigkeit, mit Stress, Druck und Niederlagen umzugehen, beeinflusst direkt die mentale Stärke von Sportlerinnen und Sportlern. Die Regulation von Emotionen hilft ihnen, in kritischen Momenten ruhig zu bleiben, Fokus zu bewahren und optimale Leistungen zu erzielen. Eine Athletin bzw. ein Athlet, die bzw. der ihre bzw. seine eigenen Emotionen und die ihrer bzw. seiner Teammitglieder wahrnehmen kann, kann effektiver kommunizieren und zur Schaffung eines positiven Teamklimas beitragen.

Investmententscheidungen werden ebenfalls von emotionaler Intelligenz beeinflusst. Eine erfolgreiche Investorin bzw. ein erfolgreicher Investor erkennt nicht nur Marktchancen, sondern ist auch in der Lage, die eigenen emotionalen Reaktionen auf Marktschwankungen zu kontrollieren. Die Fähigkeit, in volatilen Zeiten ruhig zu bleiben und rationale Entscheidungen zu treffen, kann den Unterschied zwischen Gewinn und Verlust ausmachen. Investorinnen und Investoren mit hoher emotionaler Intelligenz sind eher in der Lage, langfristige Strategien zu entwickeln und kurzfristigen emotionalen Impulsen zu widerstehen.

In der *Führungsebene* ist emotionale Intelligenz von entscheidender Bedeutung, um Teams zu inspirieren und erfolgreich zu lenken. Eine emotional intelligente Führungskraft kann die Bedürfnisse und Motivationen der Teammitglieder besser verstehen und darauf reagieren. Durch die Fähigkeit, Empathie zu zeigen und zwischenmenschliche Beziehungen aufzubauen, schafft eine solche Führungskraft ein positives Arbeitsumfeld, das die Mitarbeiterbindung und -produktivität steigert. Die Regulation von Emotionen ermöglicht es Führungskräften, in stressigen Situationen kühlen Kopf zu bewahren und kluge Entscheidungen zu treffen, die langfristigen Erfolg fördern.

Die Fähigkeit, Emotionen zu managen, beeinflusst immer die individuelle Leistung, die Qualität von Entscheidungen und die Effektivität in der Zusammenarbeit mit anderen. Wer sich mit emotionaler Regulation beschäftigt, profitiert stets davon, selbst wenn er erst einmal keine Praxis umsetzt, sondern nur theoretisches Wissen hat. Allein das Wissen um Wesen und Steuerbarkeit von Emotionen ermöglicht ganz andere Perspektiven auf Situationen, auf andere Menschen und auch auf einen selbst. Natürlich sollte man nicht bei einem Perspektivwechsel stehen bleiben, sondern auch zur Tat schreiten, um den Unwägbarkeiten des Lebens etwas entgegensetzen zu können. Entscheidend ist hierbei ein

8 Die Kraft der Emotionen – abschließende Worte

Emotionsverständnis, das nicht länger auf Zufälligkeit oder Konditionierung gestützt ist, sondern auf Steuerbarkeit und Souveränität.

In meinen Coachings erlebe ich oft die Verwunderung der Klientinnen und Klienten, wenn es um die intensive Arbeit mit Emotionen geht. Viele bauen eine innere Barriere auf, wenn ich ihnen sage, dass ihre Emotionen fremdbestimmt sind. Suchst du dir aus, ob dir eine Banane oder ein Apfel schmeckt? Wir wollen nicht wahrhaben, dass das, was wir für unsere Persönlichkeit halten etwas ist, was nichts mit uns zu tun hat. Nimm dem Menschen seine Umwelt und du nimmst auch diesen Menschen weg. Jede Emotion ist eine Folge, eine Reaktion auf einen Reiz, völlig gleich, ob er von außen oder von innen wahrgenommen wird. Die Kopplung von Reiz und Reaktion begleitet uns unser gesamtes Leben. Man könnte sogar die Philosophie so weit treiben und kritisch fragen, was denn überhaupt der Mensch sein könnte, würde man ihm alle Dinge wegnehmen, mit denen er sich identifiziert. Was bleibt also übrig, wenn Emotionen, Gefühle, Gedanken, Erfahrungen, Erinnerungen und Körper wegfallen? Ist der Körper nicht auch nur eine Art Gedanke, ein spezifisches soziales Konstrukt? Auch er ist umweltabhängig und damit keinesfalls so individuell, wie wir gerne glauben, auch wenn wir bemüht sind, unsere äußeren Merkmale mit unseren inneren abzugleichen.

Es ist für die Leistungssteigerung oder die Lösung von Problemen unerheblich, welche Antwort man sich auf die Frage gibt, was der Mensch sei oder nicht sei. Die Antwort erfüllt keine praxisrelevante Funktion. Wir haben es in Alltag und Beruf mit konkreten Hürden oder Projekten zu tun. An diesen sollten wir arbeiten, und zwar so effizient und effektiv wie möglich.

> *Es geht darum, Wege zu verkürzen!*

Emotionale Regulation ist praxisbezogen! Es geht darum, Umwege abzubrechen und die Wege, die gangbar sind, so kurz wie möglich zu gestalten. Je länger ein Weg andauert, desto mehr Verschleiß entsteht beim Gehen. Je kürzer ein Weg, desto mehr Potenzial bleibt zur Verfügung. Wenn wir es schaffen, unsere Emotionen gezielt zu lenken, verkürzen wir die Wege zu unseren Lösungen. Wir werden genauer, schneller und flexibler. Dadurch stehen uns neue Möglichkeiten zur Verfügung. Wir können anderen Menschen besser zuhören, ihnen unmittelbar helfen, wir können Emotionsfallen entdecken und meiden, wir können emotionale Botschaften richtig lesen und vor allem: Wir können unsere Emotionen kanalisieren oder umstrukturieren. Wir können sie reflektieren und wenn sie uns behindern auflösen. Wir können sie abrufen, wenn wir sie benötigen. All das schenkt uns mehr Freiheit als üblicherweise.

In den Coachings geht es dann oft um Fragen wie man mehr Leistung bringen könnte oder wie man mit Beziehungen umgehen sollte. Manchmal sind es auch vergangene Momente, die die Klientinnen und Klienten versuchen, abzustreifen. In allen Fällen kann ich sagen: Alle diese und weitere Fragen finden ihre Beantwortung durch emotionale Regulation. Je intensiver du dich mit deinen Emotionen beschäftigst, desto mehr ziehst du die gewünschten Effekte in dein Leben. Sie tauchen als Nebenprodukte deines Weges auf. Du kannst sie anstreben, solltest dich dann aber um andere Dinge kümmern – eben um deine Emotionen. Du peilst etwas an und gehst danach sofort in deine Emotionen, völlig egal, in welcher Situation du dich befindest.

Ich helfe dir gerne dabei, deine emotionale Kraft zu entdecken und für dich nutzbar zu machen. Ich hoffe, du hast in diesem Buch einige Impulse gefunden, mit denen du arbeiten kannst. Viele Vorbilder aus dem Spitzensport zeigen

8 Die Kraft der Emotionen – abschließende Worte

uns, was möglich sein kann, wenn man nur hart und ernst genug an sich arbeitet. Ich bin davon überzeugt, dass ein Blick auf die erfolgreichen Sportlerinnen und Sportler hilft, ein neues Verständnis für den eigenen Alltag zu entwickeln.

Natürlich muss nicht jeder Mensch Leistungssportlerin oder Leistungssportler werden. Es geht auch nicht immer darum, Spitzenleistungen zu zeigen. Viel wichtiger ist es, den Alltag als solide Basis aufzubauen, auf der du dich dann Schritt für Schritt weiterentwickeln kannst. Nimm dir ruhig Vorbilder zu Herzen und lerne von ihnen. Fang aber klein an! Was diese Menschen in großem Ausmaß repräsentieren, kann für dich ein minimaler Impuls in eine neue Richtung sein. Hab stets Spaß dabei und setze dich nicht unter Druck. Es geht um eine Transformation oder Umprogrammierung deiner Gewohnheiten. Das kann dauern, das kann durchaus auch mal nerven, aber im Grundsatz sollte der Spaß bestehen bleiben, die Freude daran, beweglicher zu werden, feiner zu werden und viel mehr über sich und die Verhältnisse, die uns prägen, herauszufinden.

Vielen Dank für deine Zeit,
liebe Grüße
Dein Christian

MIX
Papier aus verantwortungsvollen Quellen
Paper from responsible sources
FSC® C105338

If you have any concerns about our products,
you can contact us on
ProductSafety@springernature.com

In case Publisher is established outside the EU,
the EU authorized representative is:
**Springer Nature Customer Service Center GmbH
Europaplatz 3, 69115 Heidelberg, Germany**

Printed by Libri Plureos GmbH
in Hamburg, Germany